Augsburg entdecken

Liebe Neubürgerinnen und Neubürger,

als Oberbürgermeister von Augsburg möchte ich Sie als Neubürger in unserer Stadt herzlich willkommen heißen. Mit diesem Bildband möchte Ihnen die Stadt Augsburg ein Begrüßungsgeschenk überreichen, das Ihnen zeigen soll, wie lebens- und liebenwert diese Stadt ist und dass es sich nicht nur lohnt, in Augsburg zu wohnen und zu arbeiten, sondern auch unser städtisches Leben aktiv mitzugestalten. In Augsburg haben die 2000-jährige Geschichte und viele berühmte Persönlichkeiten ihre Spuren hinterlassen, die es zu entdecken gilt. Gleichzeitig ist Augsburg eine moderne Stadt, die den Blick in die Zukunft richtet.
Dieses Buch möge Sie auf Ihrer Entdeckungsreise begleiten.

Dr. Paul Wengert
Oberbürgermeister

Inhalt

Bürgerstadt Augsburg 4

Stadt der Renaissance 18

Stadt des Friedens 38

Unsere Kulturhauptstadt 56

Architektouren 84

Infrastruktur 96

Sport und Freizeit 108

Wißner

Bernd Wißner: Königsplatz vom Dach der Stadtsparkasse Augsburg

Bernd Wißner

Augsburg entdecken

Bürgerstadt Augsburg

Thomas Hosemann: Turamichele-Tag

Wyszengrad (2)

Fußball WM 06

Rathaus und Perlach

Hier steppt der Bär

Das weltberühmte Augsburger Rathaus und der dazugehörende Perlachturm stehen auf dem Perlachhügel. Der Name und Funde aus dem Mittelalter lassen darauf schließen, dass es sich hier um einen Bärentanzplatz gehandelt hat. Auch heute ist der Platz im Herzen der Stadt ein belebter Treffpunkt und Ort für viele Feste und Feiern. Ob die Friedenstafel zum Pax-Fest (S. 48), Großbildleinwand zur WM oder eigene sportliche Anstrengung: für jeden ist etwas geboten.

Kaya

Liesz

Die Palette, Auftakt zu zahlreichen Veranstaltungen im Rahmen der Bewerbung zur europäischen Kulturhauptstadt, bestimmte einen Sommer lang die Szenerie auf dem Platz.

Sobald sich das Wetter auch nur andeutungsweise behaglich zeigt, wird der Rathausplatz besetzt. Entweder auf dafür vorgesehenen Sitzplätzen mit Bedienung oder spontan am Boden, geschart um Wasserpfeife, Gitarre oder Schulmappen. Und Kaiser Augustus, jovial grüßend, freut sich darüber, was er hier vor über 2000 Jahren angezettelt hat.

Wyszengrad

Der „schwebende Straßenkehrer", eine Performance zur langen Kunstnacht.

Streble

An der Rathausfront finden wir noch heute die alten Normmaße: halbes Holzklafter, Leinwand-Elle, Barchent-Elle für Mischgewebe aus Leinen und Baumwolle und den Stadtwerkschuh, ein Bau-Maß. Ein Streit zwischen Händler und Kunde konnte somit gleich vor Ort erledigt werden.

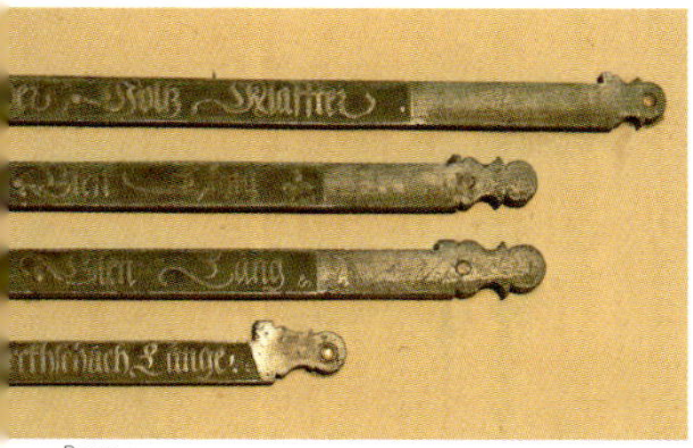

Prem

Bleier, Prem

Marktstadt Augsburg

Der Stadtmarkt erfreut sich bei den Augsbürgern großer Beliebtheit, kommt man hier doch angesichts des verlockenden Angebotes an frischen Lebensmitteln auf neue Kochideen. Einige Händler bieten auch einen Imbiss oder Mittagessen an.
Vor 1930 waren die einzelnen Marktbereiche über die Innenstadt verteilt: Neben dem Perlach war der Fischmarkt, um den Augustusbrunnen der Markt für Eier, Federvieh, Butter und Schmalz. Wein gab es am Ulrich, Brot vor St. Moritz und Gemüse in der Karolinenstraße. Dazwischen tummelten sich die Schausteller. Da ihr Geplärre bald lästig wurde, bekamen sie einen eigenen Jahrmarkt, den Plärrer, der jährlich zu Ostern und im Herbst stattfindet.

Wißner

Plätschert nur bei Sonnenschein: Das Taubenmädchen vom Marktbrünnlein sieht zwar romantisch aus, ist aber echt hightech, denn die Wasserpumpe ist solarbetrieben.

Die 1000 Jahre alten Dulten am Jakobertor finden in Augsburg zweimal pro Jahr statt, immer um Ostern (Frühjahrs- oder Osterdult) und um den 29. September, den St. Michaels-Tag (Herbst- oder Michaelidult).

Über 500 Jahre alt ist der Christkindlesmarkt und damit der älteste in Bayern. Mit besonderer Spannung wird das abendliche Engelesspiel in den Rathausfenstern erwartet.
–> www.augsburger-christkindlesmarkt.com

Schubert (2), Prem (3)

Prem

St. Ulrich beim Friedesfest Pax 06
Jugendkonzert in St. Ulrich

Architektouren des Bay. Architektenverbandes

Liesz

Bögl

Schubert

Partyzelt beim Straßenfest Max 05

Lichtspiele

Schnell

Moller

Manche Dinge des täglichen Umfeldes gewinnen an Wert, wenn sie neu entdeckt werden können. So zeigen die zahlreichen Beleuchtungsevents bei Pax-, Max- oder historischen Festen, bei Architektouren oder Einzelinstallationen wie z.B. in der Moritzkirche ihre Wirkung zweimal: einmal in einer stimmungsvollen Eventbeleuchtung und zum zweiten Mal, wenn der Blick auf das vermeintlich bekannte, bisher aber kaum wahrgenommene Objekt gezogen wird.
–> www.stadtillumination.de

Rauminstallation „void" von Juliane Stiegele in der Moritzkirche

Liesz

Liesz

Schubert

Bürgerfeste in alten Mauern

M. Eberle

Einheimische und Touristen lieben historische Bürgerfeste. Das „Goldene Zeitalter" der Stadt, vom späten Mittelalter bis zum 30-jährigen Krieg, lebt mit Rittern, Hofdamen, Handwerkern, Patriziern und Straßenkünstlern in farbenprächtigen Kostümen, mit Kunsthandwerk, Artistik und Musik wieder auf. Augsburg braucht dafür keine künstlichen Kulissen, die Stadt besitzt herrliche „Bühnen" mit historischem Ambiente, wie die Wallanlagen am Roten Tor.

Schnell

Zu Recht kann ein solches Fest als Bürgerfest bezeichnet werden, denn es ist nicht nur für Bürger, sondern auch von Bürgern inszeniert, wie z.B. der „Interessengemeinschaft Historisches Augsburg e.V."

Viele Menschen haben Freude daran, sich für einen bestimmten Zweck oder für andere zu engagieren, ob im kulturellen oder sozialen Bereich. Dies ist der richtige Weg zu einer Bürgergesellschaft, ohne die heutige Städte nicht mehr lebenswert wären. –> www.interessengemeinschaft-historisches-augsburg.de

Schubert

Schnell

Ob Ritterturniere, Gastronomie, Straßenkleinkunst, Flanieren in historischen Kostümen, Vorführung alter handwerklicher Fertigkeiten – jeder findet etwas für sich, zum Zeigen oder zum Schauen.

Schubert

Auf dem Moritzplatz. Der Merkur, Gott der Kaufleute, ist ein Zeichen für Augsburgs Reichtum als Handelsmetropole.

Café auf dem Rathausplatz

Prem

Schubert

Vom Türkentrank zum Straßencafé

Die Beziehungen zwischen Augsburg und der Türkei sind gut 500 Jahre alt. Sie handeln von Krieg und Frieden, Wirtschaft, Wissenschaft und Kultur. Die Fugger waren mit die Ersten, die den Handel mit dem Osmanischen Reich suchten und Baumwolle für die Augsburger Weber beschafften. Bald besorgten sie sich auch Luxusgüter für den eigenen Haushalt wie Pferde, Buntpapier und Schmuck. Die Augsburger Goldschmiede profitierten von Auftragsarbeiten, die als Geschenke nach Istanbul gebracht wurden. Auch wurden Textilien exportiert, später Dampf- , Druck- und Kühlmaschinen. 1557 brachte der Kaufmann Hans Herwart die erste Tulpe (die türkische Wappenblume) nach Deutschland und

Prem

Am Goldenen Erker

pflanzte sie in seinen Garten am Weinmarkt. Die Augsburger lernten die Technik des „Türkischrotfärbens" und brachten zwei Jahrhunderte später die Ingenieurskunst des Brückenbaus an den Bosporus. 1653 spielte die Augsburger Stadtgarde bei der Wahl des Königs „türkische Musik", aus der sich die heutige Militärmusik entwickelte. Der Augsburger Leopold Mozart komponierte 1778 einen Klaviersatz „Alla Turca", wenig später erschien hier die Türkenoper „Entführung aus dem Serail" seines großen Sohnes. Religiöse und kulturelle Toleranz waren beiden Mozarts ein Anliegen.

Ein gewisser Graf Friedrich zu Castell wählte 1707 Augsburg zu seinem Ruhesitz und brachte Fatma, eine schöne und kluge Beutetürkin, Tochter eines Paschas, mit. Allerdings war sie vorher christlich umerzogen worden und nannte sich inzwischen Augusta. Im weltoffenen Augsburg erregte die Heirat der beiden wenig Aufsehen. Als Castell 1717 starb, erbte die Gräfin Augusta das Haus in der Maximilianstraße samt Mobiliar und dem russischen Diener. Dass zu der Eröffnung der ersten Kaffeehäuser um 1710 ein Zusammenhang besteht, kann nur vermutet werden. Der Türkentrank jedenfalls wurde Namensgeber für eine der gemütlichsten Freizeitfreuden der Augsburger: im Staßencafé auf der Maximilianstraße zu sitzen, wo einst die schöne türkische Prinzessin wohnte.
Der Weg vom Feind und Beutetürken zum Exportkunden, zum militärischen Verbündeten, zum Gastarbeiter, zum Zuwanderer, zum islamischen Schulkameraden und zum Mitbürger war lang und steinig. Aber

Bleier

Café am Moritzplatz

Geschichte kennt keinen Stillstand: Jeder neue Tag verdrängt den vorherigen in die Vergangenheit. Doch unser Miteinander spielt sich heute und morgen ab.

In Augsburg leben heute ca. 25.000 Türken. Der Dachverband türkischer Vereine (DTA) kümmert sich um 28 Sport,- Kultur- und religiöse Vereine. Auf dem Weg zu einer Bürgerstadt will die Kontaktstelle Pusula den Dialog zwischen der Stadt und den türkischen Bürgern fördern und unterhält auch ein türkisches Sorgentelefon. Stadtteilmütter sollen Erfahrungen mit der Sprachentwicklung ihrer Kinder an andere Mütter weitergeben.
-> www.dta-augsburg.de
-> www.buendnis.augsburg.de

Ein Bündnis für Augsburg

Bleier

Von 270.000 Einwohnern stammen 90.000 aus einem fremden Kulturkreis. Bei den Einschulungen sind es bereits 50 %. Multikulturelles Leben ist Realität und der gesellschaftliche Wandel, auch der Wertewandel bei den Einheimischen wird nicht aufhören: Augsburg wird bunter, vielkultureller und vielgestaltiger. Aller Vorausschau nach ist das auch gut so, denn der Überalterung der Gesellschaft kann nur durch Migration entgegengewirkt werden.

Alle Institutionen, von Bildungseinrichtungen über Theater bis hin zur Polizei, stellen sich längst um und haben damit gute Erfolge zu verzeichnen.

Augsburg hat als erste bayerische Großstadt ein Bündnis für das Bürgerengagement, fürs Ehrenamt und die Freiwilligenarbeit gegründet. Dieses Bündnis für Augsburg fördert die freiwillige Mitwirkung von Bürgern und Vereinen an Projekten in allen gesellschaftlichen Bereichen. Alle haben ein gemeinsames Ziel: Steigerung der Lebensqualität in Augsburg und der Region. Für die Bürger bedeutet dies einen „Mehrwert" im Bereich Kultur, Soziales, Bildung, Wohnen, Freizeit und Umwelt. Für die Wirtschaft bedeutet dies eine Steigerung der Attraktivität und Bedeutung des Wirtschaftsraumes Augsburg. Für die Politik und die Verwaltung bedeutet dies: den Bürger als Partner einzubinden.

Multikulturelle Hoffeste gehören zu den Aktionen des Bündnis für Augsburg

Pax05: Die Lichterkette von St. Ulrich bis zum Dom, organisiert von Wolfgang Lightmaster und Manfred Krug, Kulturbotschafter beim Bündnis für Augsburg

Wißner

BÜNDNIS FÜR AUGSBURG
NETZWERK BÜRGER ENGAGEMENT

Hösle

Das Freiwilligen-Zentrum und die Anlaufstelle des Bündnis für Augsburg sind im Bürgertreff, Innenhof der Stadtverwaltung, Maximilianstraße 4. Im Zuge der Entwicklung zur Bürgerstadt öffnete Augsburg den Hof für kulturelle Veranstaltungen, wie z.B. die Konzerte im Bürgerhof, organisiert vom Bündnis.

Botschafter gesucht!

Im Bündnis für Augsburg verwirklichen Botschafter den Gedanken des bürgerschaftlichen Engagements.
Bürger jeden Alters und jeder Herkunft werden benötigt als Botschafter, Mentoren und Paten in den Bereichen:

- Ideengeber
- Ansprechpartner
- Multiplikatoren in den Stadtteilen, bei der Nachbarschaft, am Arbeitsplatz
- Betreuer von und freiwillige Aktive in Projekten und Aktionen
- Kontaktvermittler
- Sponsoren für ein bestimmtes Projekt

Botschafter sind „Brückenbauer", die ihre Erfahrung, Kenntnisse, Fähigkeiten oder Mittel sinnvoll einsetzen möchten.
–> www.buendnis.augsburg.de

Freiwilliges Engagement gefunden?

Das Freiwilligen-Zentrum vermittelt als Beratungs- und Informationsstelle Ehrenämter an interessierter Bürger. Ein Drittel der Bevölkerung ist bereits engagiert, ein weiteres Drittel würde gerne mitmachen. Die Bürger wollen nicht nur Gutes tun, sondern auch Selbstbestätigung finden. Man möchte seine Fähigkeiten einsetzen, um etwas Sinnvolles zu leisten. Das ist in vielen Bereichen möglich: ob Sport, Kultur, Soziales, Bildung oder Umwelt, ob Gartenarbeit, Handwerkliches, Kreatives oder Führungsaufgaben, für jeden wird hier etwas gefunden. Aber es werden auch eigene Projekte angestoßen: Mit „Change in" werden Schüler der 8. und 9. Klasse aller Schularten an ein freiwilliges Engagement im sozialen, kulturellen oder ökologischen Bereich herangeführt. Zukünftige Arbeitgeber schätzen diese Zusatzqualifikation.
–> www.freiwilligen-zentrum-augsburg.de

Maskottchen des fwz: Nashorn und Kuhreiher

Augsburg hat seit der Gründung vor über 2000 Jahren drei große Epochen erlebt. Von der Römerzeit sind nur noch archäologische Funde übrig. Von der Industrialisierung sehen wir heute vor allem die ehemaligen Fabrikpaläste der untergegangenen Textilindustrie. Doch das heute so geschätzte historische Stadtbild hat seine Wurzeln in der Renaissance. Die Einführung des Buchdrucks um 1468 könnte man als Start betrachten, die Augsburger Prachtbrunnen und die Basilika St. Ulrich (bis 1620) bilden den einzigartigen Schlussakkord und Höhepunkt dieses Zeitalters. Namen wie Fugger und Welser haben der Stadt bis heute ihren Stempel aufgedrückt. Dank ihres Wirkens war die Stadt so reich, dass sie sich die namhaftesten Künstler leisten konnte, allen voran den Stadtbaumeister Elias Holl.

Augsburg
Stadt der Renaissance

Norbert Liesz: Rathaus und Perlach von Osten

Zirbelnuss, Pyr – ein Irrtum?

Wohin man in Augsburg auch blickt, das Wappensymbol ist überall. Doch handelt es sich dabei wirklich um eine Zirbelnuss, auch Pyr genannt, ein Zeichen florierenden römischen Handels? Aus der Römerzeit stammt diese Frucht schon, aber als das Stadtsymbol erstmals 1276 im Stadtsiegel zur Verleihung des Bürgerrechts auftauchte, war es eine aufrecht stehende Weintraube. So auch zwischen den Wilden Männern auf der Rückseite des Rathauses und schließlich sogar als Erdbeere im Seldplan von 1521. Und wo eine Beere drin ist, muss auch Beere draufstehen: Pyr war, im Klang noch zu erkennen, das Wort für Beere. Als die Renaissance die Antike zum Vorbild erhob, besann man sich eines ähnlich aussehenden römischen Symbols, des Pinienzapfens. Verschämt wurde behauptet, er sei ein wesentlicher Exportschlager der Römer gewesen, aber bei genauerer Betrachtung der Grabstelen an der Römermauer am Dom kann man unschwer eine andere Symbolik erkennen: Der Pinienzapfen macht die Säule zum stilisierten Phallus, einem Fruchtbarkeitssymbol. Das mag aus dem frührömischen Kybele-Mythos entstanden sein. Kybele war eine Fruchtbarkeitsgöttin. Ein Jüngling, der sich unglücklich in sie verliebt hatte, riss sich vor Gram über die unerwiderte Liebe sein Glied aus und warf es auf den Boden. Daraus erwuchs die erste Pinie, als Lebensbaum. Es gibt sogar Vermutungen, dass die Frucht der Erkenntnis, die Eva im Paradies gepflückt hatte, ein Pinienzapfen war, denn Äpfel wurden erst viel später kultiviert. Der Pinienzapfen mit seinen zahlreichen harten Nüssen, die erst einmal geknackt werden müssen, als Erkenntnissymbol? Nicht schlecht, schon gar nicht für die Friedensstadt Augsburg, denn das alttestamentarische Paradies wird bei Juden, Christen und Muslimen gleichermaßen anerkannt. Die Zirbelnuss der Friedensstadt Augsburg wäre gut geeignet, ein gemeinsames Symbol einer interreligiösen Akzeptanz zu sein.

Aber wieso wird der Pinienzapfen hier Zirbelnuss genannt? Die Zirbelkiefer wächst eigentlich an nördlichen Alpenhängen, ist der südlicheren Pinie zwar verwandt, hatte bei den Römern jedoch kaum eine Bedeutung. Doch als Namensgeber für den Augsburger Pinienzapfen war sie dann, wenn auch fälschlich, sehr nützlich. Und Zirbel klingt einfach so richtig nach Augsburg, so wie Datschi.

Prem (3), Wißner (3), Pohl (2), Bleier, Bögl

Schnell

Zirbelnüsse überall: Prägung im Briefkopf, offizielles Stadtwappen, Logo der Stadtwerke, Gitter im Rathaus, Rathausgiebel, Bodenmosaik in der Synygoge, am Eschenhof, im Rosengarten, Römermauer, Poller, WBG-Wohnbau-Gesellschaft, Goldschmiedeladen

Wißner

Auch innen hat das Rathaus seine Reize. Besonders geschätzt für Besichtigungen und Veranstaltungen wird der Goldene Saal. Die vergoldete Holzdecke hängt an einer Kettenkonstruktion. Die Gemälde an der Decke zeugen von Kaiser und Königen und der hohen Moral. Ob die Auftraggeber bemerkt haben, dass die Künstler der Wandmalereien eher eine eigene Vorstellung von Moral hatten? Jedenfalls zeigen die vier Freskenfelder auf der Südseite das pralle Leben und die Ursachen des Lebens, wenn auch jeweils feinfühlig versteckt. So werden menschliche Regungen und Erregungen ins Tierreich verbannt oder halbmenschlichen Akrobaten angehängt. Manchmal reicht auch ein Vorhang und ein verdrehter Fuß, um Wichtiges zu zeigen und gleichzeitig zu verdecken.

Der Tastraum im Unteren Fletz zeigt die Geschichte der Stadt in 25 Bronzemodellen, zum Anfassen für Sehende und Blinde. -> www.lions-raetia.de

Prem

Elias Holls Meisterwerk

Das weltberühmte Renaissance-Rathaus

Es gilt als der schönste Renaissancebau nördlich der Alpen, als kunsthistorisch wertvollstes Rathaus der Welt. Doch ist es in vielen Details eine Kopie, das Original wurde in den Bombennächten des 2. Weltkrieges weitgehend zerstört. Aus diesem Grund verweigert die Unesco auch die Anerkennung als Weltkulturerbe, eine Auszeichnung, die dieses Bauwerk ohne Zweifel verdient hätte. Und was macht man mit so einem Prunkstück? Ganz einfach, sich immer wieder auf den Rathausplatz setzen und genießen.

Wißner

Wißner

St. Peter am Perlach

Hosemann

An Perlach und St. Peter ist so einiges geboten: ein mordender Heiliger als Kinderattraktion …

St. Peter am Perlach ist die Kirche, die an den Perlachturm angebaut ist. Das heißt, der Perlachturm ist kein Kirchturm oder allenfalls nur ein wenig, denn das Fenster, in dem alljährlich das Turamichele erscheint und unter dem Gebrüll tausender Kinder den Teufel ersticht, gehört zur Michaelskapelle von St. Peter. Aber der Rest des Perlachturms ist ein alter Wachturm, der zum Rathaus gehört. Der Aufstieg lohnt sich, der Blick auf die Stadt ist faszinierend und bei Föhn liegen die Alpen gleich hinter Haunstetten.

St. Peter ist Süddeutschlands ältester Ziegelbau und ein Blick auf die romanische Rückseite deckt eine wunderschöne und eigenartige Architektur auf.

In Augsburg ist wenig bekannt, dass St. Peter weltweit berühmt ist, und zwar wegen einer einzigartigen Darstellung der Maria als Knotenlöserin. So kommen Wallfahrer aus aller Welt hierher, weil sie sich erhoffen, dass Maria ihre Probleme genauso geduldig löst, wie die Knoten aus dem Band.

Das schmucke Gitter stand früher im Dom. Es wurde 1783 beim Besuch von Papst Pius VI. abgebaut, da seine Sänfte nicht durch das Tor passte. Nun steht sie hier!

… ein Gitter mit Vergangenheit, hier mit einer Kunstinstallation …

Prem (2)

… ein außergewöhnliches Marienbild, das helfen soll, Probleme zu lösen …

Schubert

… eine zu wenig beachtete Rückseite …
… und ein rätselhaftes Sternzeichen.

Alles Cisa oder was?

Die Spitze des Perlachturms wird von einer Wetterfahne geschmückt, die viele Augsburger gerne für die Cisa halten, angeblich eine vorchristliche Augsburger Stadtgöttin, für die es aber keinen Beleg gibt. Elias Holl, der die Figur selbst einst auf den Turm setzte, drückt sich jedoch ganz klar aus: „Den 20. August (1615) habe ich das sitzend Bild, die Circe genannt, auch hinaufgesteckt", schreibt er in sein Tagebuch. Also eine griechische Halbgöttin, die Männer durch ihre Schönheit be- und verzaubern konnte. Manche meinen, der auftraggebende Bürgermeister Markus Welser habe damit seiner überaus schönen Schwester Philippine ein Denkmal setzen wollen. Schließlich soll es ihre Schönheit gewesen sein, die Erzherzog Ferdinand zur Heirat bewog. Egal, das Vorbild für diese schöne Dame, die eine zirbelnussähnliche Feder hält, ist aber offensichtlich das Sternbild Cassiopeia, die ebenfalls wegen ihrer Schönheit gerühmt wurde.

Wißner

Wißner

Prem

Die Stadtmetzg von innen

Überall Holl

Stadtmetzg und Zeughaus

Wißner

Das ehemalige Zeughaus wird heute als Ausstellungsraum genutzt. Noch ein Gebäude Elias Holls, auf dem der Erzengel Michael den Teufel besiegt. Allerdings auf eine etwas unsportliche Weise, ein fairer Kampfrichter hätte das Zeughausmichele jetzt wohl disqualifiziert.

Für den Auftrag, eine neue Zentrale für die Metzger zu bauen, ließ Elias Holl sich etwas einfallen. Er errichtete die Fleischerhalle genau über einem Lechkanal und konnte somit das untere Stockwerk stets gekühlt halten. Die Schlachtabfälle konnten durch eine Bodenöffnung ins Wasser fallen und weggeschwemmt werden, damals genial, heute eine Umweltsauerei.

Heute ein Amt für soziale Leistungen

Seit geraumer Zeit ist das Amt für soziale Leistungen in diesem Haus untergebracht. Einzelpersonen und Familien in prekärer Situation erhalten hier Rat und Tat, sprich Geld. Es ist gelungen, rund um die Armutsprävention 40 freiwillige „Sozialpaten" zu gewinnen, die verschuldete Familien beraten. Weiterhin gibt es 20 Job- und Jugendpaten, die in enger Zusammenarbeit mit der „ARGE für Beschäftigung" nach Arbeits- und Ausbildungsplätzen suchen. –> www2.augsburg.de dort: –> Soziales Leben

Prem

Wasser für Bürger, Handwerk und Industrie

Bögl (2)

Ein ganzes Ensemble Hollscher Baukunst bilden Rote-Tor-Anlagen, Hl.-Geist-Spital und die beiden Wassertürme. Mit der Wasserkraft eines Lechkanals wurde sauberes Wasser aus dem Brunnenbach in die Turmspitze gepumpt – eine für die damalige Zeit erstaunliche Technik. Nun war genügend Druck vorhanden, um die Brunnen in der Stadt mit Trinkwasser zu versorgen.

er

Im Schwäbischen Handwerkermuseum

Augsburgs Reichtum zur damaligen Blütezeit basierte auf der Wasserkraft. Keine andere Stadt Europas hatte Vergleichbares. Das Wasser trieb die Schmieden und die Webstühle an, wurde zum Gerben und zum Färben gebraucht und führte zu großen industriellen Ansiedlungen im Textilbereich. Durch Textilherstellung und Goldschmiedearbeiten hatte Augsburg eine führende wirtschaftliche Stellung.

Im alten Brunnenmeisterhaus bei den Wassertürmen ist das Schwäbische Handwerkermuseum untergebracht. -> www2.augsburg.de dort: -> Tourismus -> Sehenswertes

Moller, Prem

Das Wasser bestimmt das Leben im Lechviertel, säumt die Straßen, fließt durch Höfe, treibt alte Wasserräder an, schafft romantische Winkel. Auch die Gräben der Stadtbefestigung, z.B. am Fünf-Fingerles-Turm, wurden damit gespeist.

Wißner

Auf alten Wegen

Ein Rundgang um das Domviertel

Ein schöner Spaziergang führt entlang der alten Wehranlagen an der Nord- und Ostkante der alten Domstadt. Ein guter Einstieg ist das Fischertor im Norden des Mozartviertels, wie dieser Stadtteil auch gerne genannt wird. Doch bevor es zur Mauer hinaufgeht, lohnt ein Blick vor das Tor.

Wißner

Bleier

An der Hausecke befindet sich ein seltsames Steinporträt. Es blickt genau in Richtung eines unvorstellbaren Schatzes: Unter der Erdschicht des nördlichen Hanges liegt eine große Römersiedlung, die auf eine archäologische Erschließung wartet.
Das Porträt zeigt den Baumeister, der das Tor vor 100 Jahren saniert hatte. Er musste sich so sehr über den Stadtrat ärgern, dass er hier deutlich zeigt, was er von den damaligen hohen Herren hielt.

Wir gehen zurück durch das Tor und links die Treppe hinauf. Der Weg entlang der Stadtmauer ist zum Staunen, Genießen und Erschaudern. Nach wenigen Metern kommen wir am Hexenbrunnen vorbei. Der Sage nach durften als Hexen verurteilte Frauen hier auf dem Weg zum Scheiterhaufen den letzten Schluck trinken. Das verwitterte Holz vertärkt die eindrucksvolle Mahnung, die von dieser Frau ausgeht, die Sehnsucht nach einer besseren Welt in einer besseren Zeit. Und manch einer wird feststellen, wie gut wir es im Augsburg von heute haben. Wir gehen weiter zum Lueginsland. Tatsächlich hat man von hier aus einen weiten Blick auf das Hügelland, das auf der anderen Lechseite beginnt und seit einigen Jahren Wittelsbacher Land genannt wird. Ein Biergarten läd zur ersten Pause ein.

Schubert

Schubert

Wir folgen nun der Mauer, gehen mal innen, mal außen, mal oben auf, erblicken tiefe Gräben, schöne Gärten und alte Häuser. Wir streifen an den Mauern der alten Klöster entlang, die inzwischen weltliche Einrichtungen beherbergen wie Sozialstationen und Schulen.

Wißner

Schilder weisen uns den Weg entlang der alten Gemäuer.

Wir kommen zu St. Gallus, der ältesten Kapelle Augsburgs. Im Norden, an der gegenüberliegenden Hauswand, in 3 m Höhe finden wir das „Dahinab". (S. 44)

Prem

Prem

Der „Stoinerne Mo" berichtet uns von der Legende, dass der Bäckermeister Hackher die kaiserlich-katholischen Belagerer dadurch vertrieben haben soll, indem er ein riesiges Brot aus Sägemehl in den Stadtgraben warf und rief: „Schaut her, wir haben noch genug zu essen."

An der Schwedenstiege beenden wir unseren Spaziergang und gehen durch das Domviertel zum Ausgangspunkt zurück.

Bögl

Gniechwitz

Wißner

Die Fuggerhäuser – einst Demonstration der Macht und des Reichtums. Hinter dem großen Tor stand in Kriegszeiten zeitweilig eine Kanone, offenbar eine wirkungsvolle Abschreckung. Die Innenhöfe strahlen Ruhe aus und stehen im Sommer auch für Veranstaltungen offen.
Im Mettlochgässchen, zwischen Annastraße und Philippine-Welser-Straße, sieht man über der Gänseliesel noch den Erker der „Goldenen Schreibstube“. Hier wurde mit der von Fugger aus Venedig eingeführten doppelten Buchhaltung das riesige Imperium verwaltet.

Jakob Fugger

Bankier, Handelsunternehmer, Kaisermacher und Stifter

„Zu Augsburg ist ein Leineweber, der kann das alles bar bezahlen", soll Kaiser Karl V. zu Franz I. von Frankreich gesagt haben, als dieser mit seinem Kronschatz prahlte. Karl V. musste es wissen, denn Jakob Fugger hatte ihm seine Kaiserwahl finanziert. Doch dieser war weit mehr als nur ein Weber. Jakob Fugger war sicher eine der interessantesten Persönlichkeiten Augsburgs. Selten hat ein Mensch in seinem Leben ein derart großes Vermögen und Machtimperium aufgebaut. Zu dem Handel mit Textilien und Rohstoffen für Weber kamen bald Bankgeschäfte hinzu. Als Gegenleistung für geliehenes Geld wurden von Fürstenhäusern Abbaurechte für Kupfer und Silber vergeben, die wiederum das Vermögen mehrten, das nun in Ländereien investiert wurde. -> www.fugger.de

Wißner

Friedrichs

Das Wappen der Fugger: blau-gelbe Lilien

Pohl

Jedes Haus hat einen anderen Klingelzug. Früher, als es keine Beleuchtung gab, konnte man sein Haus am Klingelgriff ertasten.

Gniechwitz

Jakob Fugger war streng gläubig. Er stiftete in der Annakirche ein neue Kapelle (Seite 42), den Dominikanern eine Orgel und in seiner Pfarrei St. Moritz finanzierte er die Pfarrstelle, womit er Einfluss auf die Besetzung des Prediger hatte. Für die Mitbürger und das Seelenheil der Familie Fugger ließ er die Fuggerei bauen. Hier können Augsburger, die unverschuldet in Not geraten sind, für eine Jahresmiete von damals einem Gulden, heute 88 Cent, wohnen. Dafür müssen die Mieter einmal am Tag drei Gebete für ihn sprechen, damals wie heute. Die Fuggerei ist einer der idyllischsten Orte in Augsburg und Bayerns zweitgrößte Touristenattraktion nach Neuschwanstein. Das Fuggereimuseum dokumentiert die Geschichte dieser weltberühmten Sehenswürdigkeit und der Familie Fugger. -> www.fugger.de

Mascha

Schubert

Gerhard Schlich führt als Stadthauptmann nicht nur durch die Fuggerei

Kaya

Das himmlische Fuggerlädle hat auch einen romantischen Biergarten.

Wyszengrad

Die Fuggerei

Vohnsiedlung und Museum

Die Fuggerei ist eine Stiftung. Ohne Stiftungen wären Sozialwesen, Kultur und Wissenschaft auch heute kaum denkbar. Wer stiften gehen will, kann in der Fuggerei Zustifter werden oder sich hier oder beim Stiftungsamt der Stadt beraten lassen.

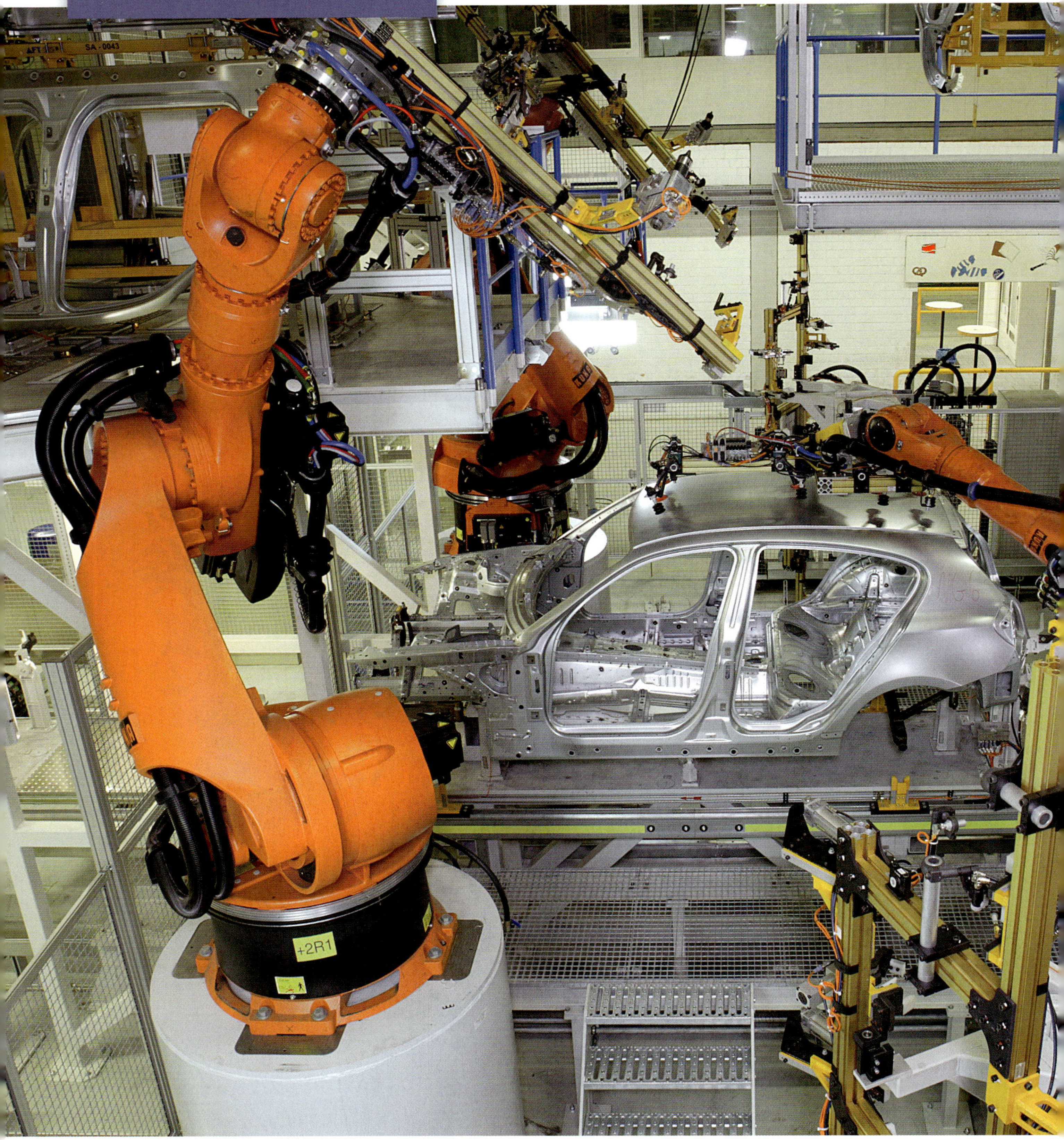

Die KUKA Schweissanlagen-Gruppe ist einer der weltweit führenden Anbieter von Engineering-Dienstleistungen und flexiblen Fertigungssystemen. Zu den Kunden zählen Unternehmen aus den Bereichen Automotive, Zulieferindustrie, Aerospace und weiteren Branchen. Das Leistungsspektrum umfasst Produkte und Dienstleistungen für nahezu alle Aufgabenstellungen bei der industriellen Verarbeitung von metallischen und nicht-metallischen Werkstoffen.
Zum Produkt- und Dienstleistungsangebot gehören:

- Mitarbeit bei der Bauteilkonstruktion
- Planung und Konstruktion, Prozesstechnologie
- Umformwerkzeuge, Innen-Hochdruck-Umformung, Falztechnologie
- Anlagenbau für Karosseriefertigung, Aggregate- und Endmontage
- Roboterzellen zum Fügen, Trennen, Handhaben, Messen/Prüfen
- Reib- und Magnetarc-Schweißmaschinen
- Betreibermodelle, Lohnfertigung
- Produktionsbegleitende Dienstleistungen

In 20 Standorten in Europa, Nord- und Südamerika und Asien arbeiten 3700 Mitarbeiter an Ideen, Konzepten und Lösungen für die automatische Produktion. Im Jahr 2006 erzielte die KUKA Schweissanlagen-Gruppe einen Umsatz von rund 830 Mio. Euro.
-> www.kuka.biz

Fugger und die Folgen

Global Player damals und heute

Die Fugger, die Welser und weitere Augsburger Kaufmannsfamilien hatten Handelsstationen in ganz Europa. Sie waren die ersten Deutschen, die ein Seehandelsnetz nach Indien aufbauten. Den Welsern gehörte einige Jahre lang sogar ein Teil Venezuelas. In Folge dieses Handels, dem damit verbundenen Reichtum für die Stadt und der hier so reichlich vorhandenen Wasserkraft entstanden in Augsburg Textil- und Maschinenbauindustrien. Die Textilherstellung bestand bis in die zweite Hälfte des 20. Jahrhunderts. Im Maschinenbau sind noch heute mehrere Weltfirmen in Augsburg ansässig. Die MAN baut hier große Dieselmotoren, schließlich war dieser Motor von Rudolf Diesel in Augsburg erfunden worden. MAN-Roland ist inzwischen eine eigenständige Firma für große Zeitungsdruckmaschinen. Die MT Aerospace produziert Antriebsbooster für die Weltraumrakete Ariane und EADS Flugzeugteile für den Airbus. Die Firma Renk ist Spezialist für große Schiffs-Getriebe, Kuka ist führend im Bereich der Industrieroboter und Schweißtechnik und bei Osram werden jährlich 20 Millionen Leuchtstoffröhren und Lampen hergestellt.

Im Sozialwesen innovativ

Durch die Fuggerei mag sich Augsburg dem Sozialwesen besonders verpflichtet fühlen. Jedenfalls sorgen neue Sozialprojekte bundesweit für Beachtung. Ein Drittel der Stadtbevölkerung hat Migrationshintergrund, viele davon haben Schwierigkeiten mit der deutschen Sprache und der Arbeitsplatzsuche. Das Projekt „Kinderchancen" soll jungen Menschen aus sozial schwachen Familien unbürokratisch die soziale Teilhabe ermöglichen und so die Integration überhaupt erst möglich machen. Im Projekt „Stadtteilmütter" werden zweisprachige Mütter ausgebildet, ihre Erfahrungen schneeballartig an andere Mütter weiterzugeben. Was zu Hause muttersprachlich mit den Kindern spielerisch erarbeitet wurde, wird in der Schule in deutscher Sprache wieder aufgegriffen. Denn nur mit Sprachqualifikation haben diese Kinder Chancen auf einen späteren Arbeitsplatz. -> www.buendnis.augsburg.de dort -> Projekte

Wißner

Merkur als Brunnenfigur von Adriaen de Vries. Dieser römische Gott war Schutzpatron der Kaufleute und wurde von den Stadtvätern bewusst ausgewählt.

Der Banker und seine Erben
Banken wie zu Fuggers Zeiten haben heute ausgedient. Eine moderne Bank ist heute online und hat repräsentative Geschäftsräume, um die Kunden zu beraten, wie hier dieses Kundenzentrum der Stadtsparkasse Augsburg in der Halderstraße.
-> www.sska.de

Zwei Kirchen verschiedener Konfession in holder Eintracht nebeneinander? Das gibt es nur in Augsburg – aber das war nicht immer so. Über 100 Jahre kriegerischer Auseinandersetzung hat es gebraucht, bis die Menschen in Zentraleuropa eingesehen haben, dass Religionsfreiheit die bessere Lösung ist. Die Doppelkirchen Kath. und Ev. Heilig Kreuz (im Bild) und Kath. und Ev. St. Ulrich (S. 46) sind ein Beweis. Doch Augsburg hat weitere Kirchen, die kunsthistorisch und religionsgeschichtlich zu den bedeutendsten Bauwerken der Welt gehören.

Beatrice Schubert: die Doppelkirche Hl. Kreuz (vom Perlachturm)

Augsburg
Stadt des Friedens
Ein Feiertag nur für Augsburg

Schubert

Dombrunnen mit den Stadtpatronen, gegenüber die Bischofsresidenz

Die Entstehungszeit des Augsburger Doms erstreckt sich über fast 1000 Jahre. Viele Stilrichtungen mussten sich zusammenfügen. Zahlreiche hochrangige Kunstwerke zieren das gotische Gewölbe. Am bekanntesten sind die 1000 Jahre alten Prophetenfenster und die bronzene Domtür, die im benachbarten Diözesanmuseum ihren umweltgeschützten Platz gefunden hat.
->www.bistum-augsburg.de

Wißner

Der Dom

Meilenstein auf dem Weg nach Europa

Die Gründung Augsburgs durch Kaiser Augustus fällt in den gleichen Zeitraum wie die Geburt Christi. In den folgenden 2000 Jahren des Christentums hat Augsburg nicht selten eine wichtige Rolle gespielt. 15 v. Chr. ließ Augustus Raetien, dieses Gebiet nördlich der Alpen, erobern. Ein halbes Jahrtausend blieben die Römer hier und trugen zuerst die Christenverfolgung und wenig später das Christentum als Staatsreligion in diese römische Provinz.
Drei Heilige wurden zu Augsburger Stadtpatronen. Der Brunnen auf dem Domplatz (links) symbolisiert ihre Lebensgeschichte, die zugleich Teil der Geschichte Augsburgs ist. Die Hl. Afra, an einen Stamm gefesselt, erleidet 304 den Märtyrertod. Der Hl. Simpert, der den Dombau und die Stadtbefestigung vorantrieb, erinnert auch daran, dass die Stadt rund 700 Jahre lang von Bischöfen regiert wurde. Der Wolf, den er laut Legende gebändigt hat, kuscht zu seinen Füßen. Überragt werden beide vom Hl. Ulrich, der scheinbar sein Kreuz kriegerisch gegen den heutigen Bischofssitz wendet. Doch damals galt seine Kampfeslust den plündernden Ungarn, die er mit seinen Augsburger Mannen und dem Heer von König Otto 955 entgültig aus Mitteleuropa vertrieb.

Anschauen:
Das angrenzende Diözesanmuseum zeigt Exponate aus der Kirchengeschichte des Mittelalters wie z.B. diese eindrucksvolle Ulrichsbüste sowie das berühmte Bronzetor, eines der zwölf romanischen Bronzeportale in Europa.
->www.bistum-augsburg.de
dort ->Kunst + Musik

Im Dom:
Die gewaltigen Kirchenschiffe mit hochwertigen Kunstgegenständen.
Die 900 Jahre alten Prophetenfenster.
Das 15 m hohe Christopherus-Fresko.
Tafelbilder von Hans Holbein d.Ä.
Chorschranken von Burkhart Engelberg.
Altarbild von Christoph Amberger.
Bischof Roths Grabplatte.
Die romanische Krypta.

Kaya

Von magischer Anziehungskraft: das mehrschiffige Domgewölbe

Bögl

St. Anna

weltberühmt durch Luther und Fugger

Martin Luther, Gemälde von L. Cranach, St. Anna

Es war nicht nur Martin Luther, der die katholische Kirche reformieren wollte. Allein in Augsburg gab es zu seiner Zeit sechs verschiedene Reformbewegungen. Das war kein Zufall: Augsburg war um 1500 eines der Machtzentren Europas geworden. Hier hielt der streng katholische Kaiser Maximilian seine Reichstage ab, hier hatten die Fugger und Welser weltweite Handelsimperien aufgebaut und hier war eines der größten Zentren für den Druck von Büchern und Flugblättern entstanden. Martin Luther ließ in Augsburg seine Werke drucken. Aber hier saß auch sein weltlicher Erzfeind: Jakob Fugger, der für den römischen Papst den Ablasshandel organisierte und in Luthers Augen als Wucherer galt, weil er für verliehenes Geld Zinsen nahm. Und hier in Augsburg musste Luther sich auch vor dem päpstlichen Legaten Kardinal Cajetan verantworten. Ironie des Schicksals: Luther wohnte während seiner Vernehmung im Karmeliterkloster bei St. Anna. Ausgerechnet in dieser Kirche hatte sich Jakob Fugger zu seinem Gotteslob eine gewaltige Kapelle errichten lassen. Sie ist das erste und zugleich erlesenste sakrale Bauwerk der deutschen Renaissance, erbaut nach Entwürfen von Albrecht Dürer. Aber dem reichsten Mann der Welt gelang es nicht, seine letzte Ruhe so zu finden, wie er sich das vorgestellt hatte, nämlich auf katholischem Grund. Denn am Ende der blutigen Auseinandersetzungen um die richtige Konfession war St. Anna nach mehrfachem Hin und Her schließlich zu einer der bedeutendsten evangelischen Kirchen geworden. -> www.st-anna-augsburg.de

Das Denkmal für den großen Freund Augsburgs, Kaiser Maximilian I., ist kaum bekannt, obwohl es an der belebten Ecke Annastraße-Steingasse steht.

Wißner

Das kleine Museum „Lutherstiege" zeigt Exponate aus Luthers Zeit und Schaffen.

Friedrichs

Die Annakirche ist nicht nur ein kunsthistorisch wertvolles Bauwerk, auch zahlreiche Kunstwerke zieren den prächtigen Kirchenraum.

Anschauen:
Fuggerkapelle, Ostchor, Heilig Grab- und Goldschmiedekapelle. Gemälde von Lukas Cranach, Christoph Amberger, Jörg Breu, Johann Spillenberger. Die Altargruppe und die Putten von Hans Daucher. Epithaph Jakob Fuggers. Annahof mit dem Holl-Bau.

St. Anna mit Goldschmiedebrunnen

Friedrichs (2)

Wall

Prem

Der Fronhof mit dem Pfalzturm, Sitz der Regierung von Schwaben. Wo heute Friedensballons starten, stand einst das Volk und hörte, wie in der Pfalz die Confessio Augustana vorgelesen wurde.

Alte Zwerge und junge Leute. Der Hofgarten am Fronhof lockt zur Entspannung.

Confessio Augustana

Geburtsstunde der evangelischen Konfession

Nach zahlreichen Konflikten wollte Kaiser Karl V. auf dem Reichstag von 1530 die Glaubensspaltung überwinden. Doch es kam anders. Auf Druck der Kurfürsten wurde schließlich die von Melanchton verfasste Confessio Augustana vorgetragen, das bis heute gültige Bekenntnis der weltweiten evangelischen Kirche. Die Fenster des Bischofspalais wurden geöffnet und draußen konnte das Volk den Text mithören. Damit war die Reformation unaufhaltsam geworden und weitere Konflikte waren vorprogrammiert.
Der Ort des Geschehens wird noch heute Fronhof genannt, weil hier im Mittelalter der Vogt, der für den König die Fron (Steuern) eintrieb, seinen Sitz hatte. Das Gebäude und der Saal, in dem die Kurfürsten tagten, wurden im Rokoko im neuen Stil renoviert, nur der Pfalzturm behielt sein ursprüngliches Aussehen.

Wißner

1518: Aus der berechtigten Angst, als Ketzer auf dem Scheiterhaufen zu enden, floh Luther eines Nachts heimlich aus der Stadt. Angeblich soll ihm ein Bürger den Weg gewiesen haben, als er ihn von St. Gallus zum Steffinger Tor schickte. Anschließend hat der selbstlose Mann seine Tat groß auf die Mauer gemalt. Heute findet sich an der Hausmauer gegenüber von St. Gallus eine neuere Gedenktafel. Ob Luther wirklich „da hinab" geschickt worden ist, bleibt fraglich. Aber ein Spaziergang an diesem imposanten Abschnitt der Stadtmauer lohnt sich auf jeden Fall. (s. S. 30)
Luther kam nie wieder nach Augsburg. Seinen Freunden und Anhängern blieb es überlassen, dem Geschichtsverlauf die große Wende zu geben.

Schnell

Der Rokokosaal ist ein Juwel seiner Stilepoche. Regierung und Bezirk von Schwaben feiern hier bei festlichen Anlässen. Schon der Aufgang zum Festsaal versetzt in feierliche Stimmung.

Schnell

An der Doppelkirche Kath. und Ev. St. Ulrich ist das friedliche Miteinander beider Konfessionen erkennbar.

Wißner

Pax Augustana

Frieden durch Gleichberechtigung

Bögl

Basilika St. Ulrich und Afra
-> www.ulrichsbasilika.de

Nach der Confessio Augustana überschlugen sich die Ereignisse. Reformation und Gegenreformation folgten aufeinander. Augsburger Kirchen wechselten innerhalb weniger Jahre wiederholt die Konfession, ein Krieg brach aus und ein Reichstag versuchte im Streit der Konfessionen zu vermitteln. Schließlich wurde 1555 die Pax Augustana vom Reichstag verabschiedet, ein fein ausgeklügeltes juristisches Werk, das das Verhältnis unter den beiden Konfessionen genau regelte. Der Frieden hielt 63 Jahre, dann brach auch auf Grund konfessioneller Streitigkeiten der 30-jährige Krieg aus. Aber erst durch schwere Verluste erkannten die Menschen, dass es besser ist, in Glaubensfragen Freizügigkeit zu gewähren. Der Westfälische Friede von 1648 ermöglichte schließlich die ungestörte Ausübung der Konfession. Zur Sicherung des Friedens wurden in den Reichsstädten wie Augsburg alle Ämter paritätisch besetzt. So musste z.B. der Stadtrat ausgewogen mit Katholiken und Protestanten besetzt sein.

Wißner

In der Langen Gasse 16 steckt noch heute eine Kanonenkugel aus dem 30-jähr. Krieg in der Hauswand.

Anschauen:
Dom, St.Anna und beide Ulrichskirchen sind zugleich auch Museen.
In der katholischen Basilika: Die Krypta mit den Grabmälern von Afra und Ulrich, Simpert Grabmal in einer der Seitenkapellen, die Terracotta-Apostel auf den Seitenkapellen, die Heiltumskammer, die Fuggerkapelle, die Fuggerorgel, auf der schon Mozart gespielt hat und viele andere Details.
In der evangelischen Kirche: die Emporenbilder von J. Heiß u.a., der aus dem 17. Jh. stammenden Kirchenraum.

Ev. St. Ulrich erstrahlt nach der Renovierung in neuem Glanz. -> www.evangelisch-stulrich.de

Prem

1650 stifteten die Protestanten der Stadt ein Friedensfest, das an die Vertreibung der evangelischen Pfarrer am 8. August 1629 erinnern sollte. Auch damals schon wurde ein Kinderfriedensfest beschlossen. Das Hohe Friedensfest ist noch heute ein Feiertag, den es nur in Augsburg gibt.

Die Tradition wird lebendig gehalten und mit zeitgemäßen Inhalten gefüllt. Ziel ist hier und heute das friedliche Miteinander von Menschen jeglicher Herkunft und Glaubensrichtung. Bürger und vielfältige Gruppen gestalten mit 100 Tischen die große Friedenstafel. Mitgebrachtes wird geteilt und gemeinsam verzehrt. Näherkommen und Kennenlernen gehört dazu. Die Teilnehmer sind ein Spiegelbild unserer heutigen Stadtgesellschaft, die einen Anteil von 30 Prozent an Mitmenschen ausländischer Herkunft hat. -> www.pax.augsburg.de

Bleier

PAX 06: 100 Tische auf dem Rathausplatz werden zur Friedenstafel

Bleier

Bürger und Gruppen gestalten die Tische der Friedenstafel.

Lightmaster

Das Bündnis für Augsburg organisiert multikulturelle Events zum Friedensfest.

Scholz

Multireligiöse Feier zum Hohen Friedensfest: Vertreter verschiedener christlicher, muslimischer und buddhistischer Gemeinden am Runden Tisch der Religionen.

Das Augsburger Friedensfest

Ein eigener Feiertag für Augsburg

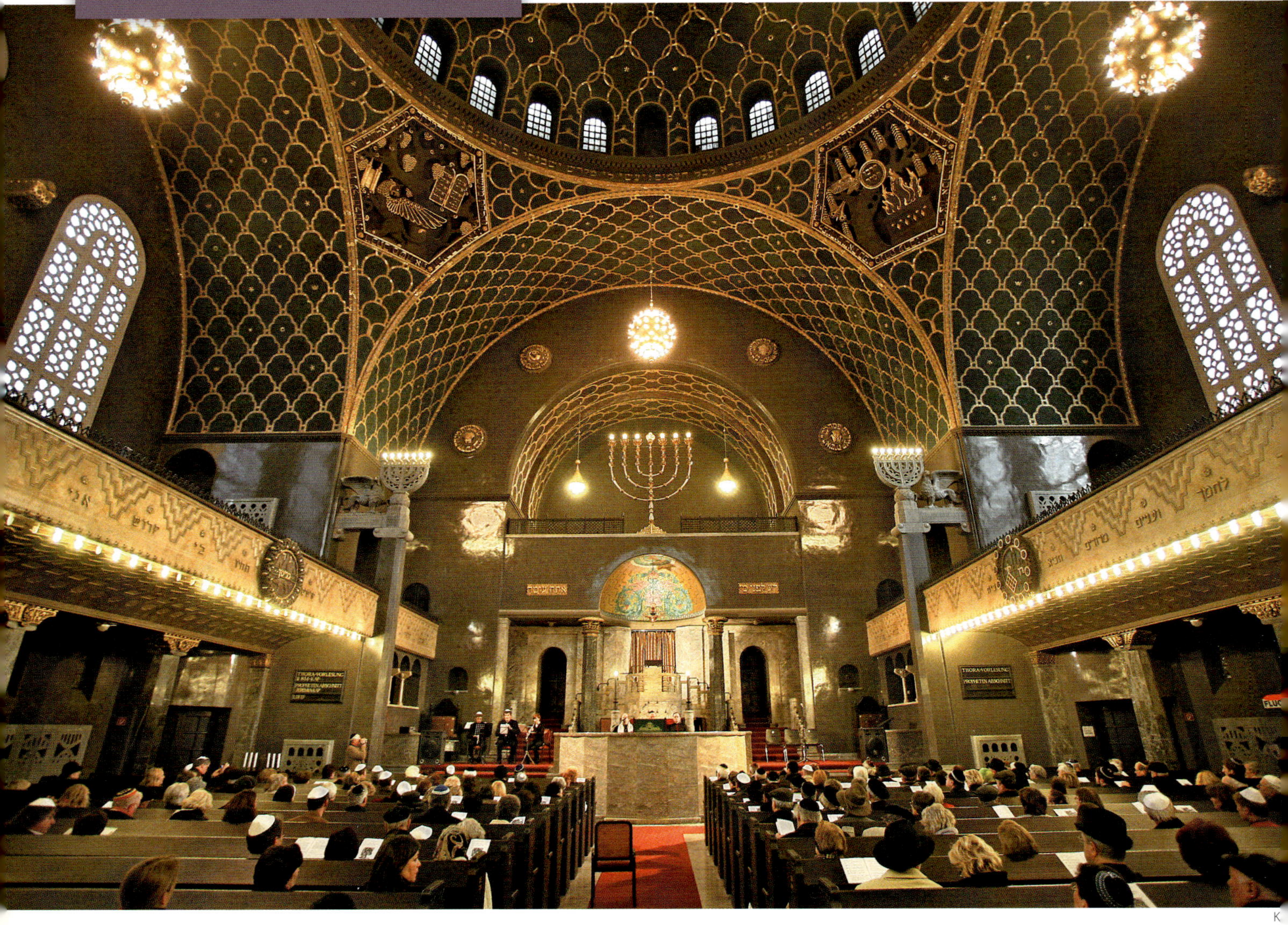

K

Die Synagoge
und ein neuer Anfang

Wißner

Die große Synagoge in der Halderstraße, erbaut 1917, ist eine der schönsten Synagogen der Welt und zugleich Zeichen einer der erschütterndsten Epochen Augsburgs. Juden leben schon seit über 800 Jahren in Augsburg. Im Mittelalter durften sie innerhalb der schützenden Stadtmauern wohnen, etwa ab 1500 mussten sie vor die Tore ziehen. Im 19. und 20. Jh. waren sie als Kaufleute angesehene Bürger, denen die Stadt viel zu verdanken hatte. Trotzdem wurden fast alle im Zuge des Naziterrors ermordet oder vertrieben. Das Innere der Synagoge ging in der Pogromnacht 1938 in Flammen auf. 1984 konnte sie nach der Renovierung wieder eröffnet werden. Die Gemeinde bestand nach dem Krieg nur noch aus 44 Mitgliedern, heute sind es etwa 1600, bedingt durch den Zuzug jüdisch-russischer Aussiedler, die für den Neubeginn eines Gemeindelebens sorgten. Große Aufgaben kommen auf sie zu, um das Gebäude zu erhalten.

Wißner

Ein silberner Mizwa-Zug. Das Jüdische Kulturmuseum dokumentiert die reiche Kultur und wechselvolle Geschichte der Juden in Augsburg und Schwaben vom Mittelalter bis heute. -> www.jkmas.de

Renz

Der Davidstern aus zwei ineinandergeschobenen Dreiecken ist das Symbol des Judentums.

Pohl

Herz Jesu

Innen einmalig, außen außergewöhnlich

Der zweithöchste Kirchturm Augsburgs ist für viele Anreisende einer der ersten Eindrücke von Augsburg. Der seltsam anmutende Turm macht neugierig auf das Innere, und die katholische Kirche Herz Jesu in Pfersee ist tatsächlich eine Schatzkammer. Sie gilt als schönste Jugendstilkirche Deutschlands, erbaut von Michael Kurz. Blickfang und Herzstück ist der Altarraum. Frontal betrachtet ähnelt der doppelte Bogen der etwa gleichzeitig entstandenen Synagoge, obgleich die Altarkuppel durch Form und Verzierung eher an eine Moschee erinnert. Wieder zeigt sich Augsburg als verbindendes Glied zwischen den Religionen. Sogar ein Indianer ziert die Wand im Altarraum, soll doch hiermit auf nichtchristliche ethnische Minderheiten aufmerksam gemacht werden. Der Kirchenraum ist erfüllt von Pretiosen des Jugendstils. Die schönen Glasfenster zeigen Zitate und Symbole aus der Bergpredigt.
-> www.herzjesu.com

Schubert

Das Kruzifix ist seit dem 4. Jh. das Symbol der Christen.

Prem

Bögl

Wißner

Die Moschee am Eschenhof

In Augsburg leben etwa 30.000 Muslime, davon stammen zwei Drittel aus der Türkei. Es gibt zahlreiche muslimische Gemeinden mit eigenen Gebetshäusern, z.B. hat der „Augsburger Bildungs- und Kulturverein" eine weltoffene Moschee am Eschenhof in Oberhausen. Sie beherbergt Schulräume, Laden, Teeküche, Bibliothek, Gesellschaftsräume, Wohnräume und den Gebetsraum, d.h. eine Moschee ist ein Gemeindezentrum, wo Menschen zusammenkommen. Bis zu 500 Gläubige treffen sich zum Freitagsgebet. Die Predigt hier ist dreisprachig: die Koranverse werden in arabisch vorgetragen und die Predigt in türkisch und in deutsch.

Der Muezzin ruft zum Gebet.

Seit dem 13. Jh. ist der Halbmond das Symbol des Islam.

Wißner (3)

Wat Buddha

Ein Tempel im Gartenlokal

Auch bei den Buddhisten gibt es verschiedene Lehrtraditionen. In einem ehemaligen Café in Göggingen ist z.B. die Tempelanlage (Wat) Thailändischer Buddhisten untergebracht. Sie beherbergt eine Gemeinde, die in Augsburg 130 Mitglieder hat, überwiegend Frauen und wenige Mönche. Zum jährlichen Makha Bucha Fest kommen Gläubige aus einem Umkreis von 300 Kilometern.
Über einen eigenen TV-Kanal können Liveübertragungen buddhistischer Zeremonien aus Thailand verfolgt werden.

Als Symbol der Buddhisten gilt das Rad der Lehre. Die acht Speichen stellen den edlen achtteiligen Pfad dar: rechtes Denken, rechtes Entschließen, rechtes Wort, rechte Tat, rechtes Leben, rechtes Streben, rechtes Gedenken, rechtes Sichversenken.

Bleier

Beim Makha Bucha Fest

Wißner

Ein Mönch betreut das kleine Kloster und die Gemeinde

Wißner

Wißner

Das Gebetshaus der Aleviten in Lechhausen -> www.alevican.de

St. Antonius dient den Russisch-Orthodoxen als Kirche.

Moller

Eine Stadt von gesunder Liberalität

Ein Drittel der Augsburger Bevölkerung stammt aus anderen Ethnien und Religionen. Es mag an Augsburgs langem und blutigem Weg zum Religionsfrieden liegen, dass diese Menschen sich hier sicher und wohl fühlen, z.T. sicherer als in ihrer ehemaligen Heimat. So existieren hier neben ca. 15 verschiedenen westlich-christlichen Konfessionen drei größere Gruppen von Muslimen: die von der Türkei staatlich geförderten, eher konservativen Sunniten der „Türkisch Islamischen Union der Anstalt für Religionen e.V." (DITIB), die u.a. am Katzenstadel ein Gebetshaus haben und überwiegend im Dachverband türkischer Vereine in Augsburg (DTA) organisiert sind (www.dta-augsburg.de). Dazu gemäßigte Sunniten, die in der Moschee am Eschenhof ihr Domizil haben (S. 51), und humanistisch-liberal orientierte Aleviten, mit eigenem, originellem Gebetshaus in Lechhausen. Jüdische und buddhistische Gemeinden wurden auf den vorherigen Seiten schon erwähnt. Die Russisch-Orthodoxen halten ihren Gottesdienst in St. Antonius ab und die Assyrisch-Orthodoxen – eher durch den Mesopotamien-Verein bekannt – haben eine eigene Kirche im Lechhauser Gewerbegebiet.

Der Augsburger Weg

Vor 450 Jahren entstand in Augsburg die Idee der Glaubensfreiheit. Verstehen die neuen Bürger dieser Stadt, was das bedeutet? Verstehen es die alteingesessenen Bürger? Können wirklich alle Menschen hier akzeptieren, dass jeder seinen Glauben leben darf, wenn er andere dadurch nicht schädigt? Oder denkt der eine oder andere mehr oder weniger heimlich daran, dass sich die „Wahrheit" eines Tages durchsetzen wird? Manchmal erscheint es so, als ob sich die Konfessionen innerhalb einer Religion weniger akzeptieren als die verschiedenen Religionen untereinander. Alle offiziellen Vertreter der in Augsburg vorkommenden Religionen und Konfessionen beteuern, dass die Achtung vor dem Menschen im Vordergrund steht. Die Gebote sind die gleichen: z.B. ist Töten verboten. Wir schätzen alle, dass wir uns hier wegen Glaubensfragen nicht mehr die Köpfe einschlagen. Doch Kriege und Morde aus religiösen Gründen sind weltweit an der Tagesordnung und bringen viele Glaubensvertreter in Erklärungsnöte. Die Aussage, dass es immer wieder Fundamentalisten geben wird, ist nicht ausreichend.
Der Augsburger Religionsfriede bedeutet heute, dass jeder seinen Glauben leben darf, wenn er damit keinem anderen schadet. Jede andere friedliche Religion oder Konfession muss nicht toleriert werden, sondern akzeptiert. Jeder, der Akzeptanz erwartet, muss auch die anderen akzeptieren. Jeder Fanatismus, egal von welcher Seite, muss offen und ehrlich kritisiert werden.
Das ist die einzige und einfache Regel für ein friedvolles Miteinander. Das ist der Augsburger Weg!

Möller

Am Katzenstadel hat die DITIB eine Moschee.

Die Assyrisch-Orthodoxen haben eine eigene Kirche in Lechhausen.

Wißner

Augsburg – unsere Kulturhauptstadt

Christina Bleier: Max 05, mit Herkulesbrunnen, Maximilianstraße und St. Ulrich

Die Augsburger Kultur kann einen besonderen Pluspunkt aufweisen. Events und Kunstwerke können sich im historischen Ambiente dieser schönen Stadt präsentieren. Alte Straßenzüge, prunkvolle Festsäle aus Barock und Jugendstil, prächtige Kirchenräume, mittelalterliche Wallanlagen, romantische Parks und ehemalige Industriepaläste stehen für alte, neue und fremde Kultur offen. Die Bewerbung zur europäischen Kulturhauptstadt hat bewusst gemacht: Augsburg ist unsere Kulturhauptstadt.

Brunnen fürs Volk, für die Kunst und den Reichtum

Augsburger Museen haben es schwer, sind doch die großartigsten Werke der namhaftesten Künstler im öffentlichen Raum zu bewundern:

- die Brunnen von Adriaen de Vries und Hubert Gerhard in der Maximilianstraße
- viele großartige Gemälde, u.a. von Amberger und Cranach, Fresken von Bergmüller und Günther, Statuen von Daucher, Reichle und Bendl finden wir im Dom, St. Anna, St. Ulrich, St. Moritz, St. Antonius, Ev. Hl. Kreuz und im Kleinen Goldenen Saal
- dazu die Gebäude von Elias Holl.

Anzenhofer

Wyszengrad

Die Augsburger Prachtbrunnen an der Maximilianstraße zeugen von Reichtum, Kunstsinn und Selbstbewusstsein der Stadt um das Jahr 1600. Die Figuren, deren Originale im schönen Viermetzhof des Maximilianmuseums stehen, erzählen von der wirtschaftlichen Kraft und der politischen Macht Augsburgs. Weltweit fast einmalig: die Brunnen wurden nicht von reichen Gönnern, Fürsten oder der Kirche bezahlt, nein, das konnte aus dem Stadtsäckel erledigt werden. Der Augustusbrunnen wurde von dem Niederländer Hubert Gerhard geschaffen. Die Skulptur von Kaiser Augustus – der alle Welt schätzen ließ – ist längst zum Wahrzeichen der Stadt geworden. Die vier lebensgroßen Figuren zu seinen Füßen symbolisieren die Augsburger Flüsse: den Lech mit Ruder, sicher wegen der damals regen Flößerei, den Brunnenbach mit Fischernetz, die Singold mit Füllhorn und die Wertach mit einem Getrieberad als Zeichen für die Nutzung der Wasserkraft. Die Brunnen dienten jedoch nicht nur der Schönheit und der Repräsentanz, sie versorgten das Volk auch mit gutem Trinkwasser aus dem Brunnenbach. Die Wassertürme von Elias Holl beim Roten Tor sorgten für den nötigen Druck (S. 28).

Der Merkurbrunnen am Moritzplatz (S. 14) steht für Wirtschaft und Handel. Der Herkulesbrunnen (vorige Seite in rotem Licht), auf dem der griechische Held mit einer Feuerkeule der Hydra die nachwachsenden Köpfe absengt, soll auf die für Augsburg wichtige Nutzung von Feuer und Wasser hinweisen. Adrian de Vries schuf diese beiden Brunnen.

Schubert (3) Wißner

Das Schaezler-Palais mit dem Spiegelsaal, einem der fünf historischen Prunksäle in Augsburg

Wißner

Ein Palais für alte Meister

Barocksammlung, Prunksaal und Staatsgalerie

Das Schaezler-Palais ist das nobelste Augsburger Stadthaus des 18. Jahrhunderts. Es war Sitz der Bankiersfamilie Schaezler, die auch die Anregung zur Gründung einer Sparkasse in Augsburg gab. Heute ist es im Besitz der Stadt und beherbergt neben dem überaus prächtigen Rokokofestsaal auch die Deutsche Barockgalerie, die Grafische Sammlung, die Karl und Magdalene Haberstock-Stiftung. Angeschlossen ist die Staatsgalerie in der Katharinenkirche. -> www2.augsburg.de dort -> Kunst, Kultur

Bögl

Die Nonnen im Katharinenkloster stammten aus den besten Augsburger Familien und hielten nicht viel von einem allzu klösterlichen Leben. Um ihnen die gefährliche Pilgerfahrt zu den römischen Basiliken zu ersparen, wurden bei den namhaftesten Künstlern, Hans Holbein und Hans Burgkmair, stattliche Gemälde dieser sieben Kirchen in Auftrag gegeben. Nun konnte zu Hause der Sündenablass erbeten werden.

Wyszengrad

Staatsgalerie: Linker Flügel des weltberühmtes Gemäldes „Basilika San Paolo". Hans Holbein d. Ä. malte sich, zu der Zeit nicht unüblich, selbst auf das Altarbild. Dabei zeigt er auf seinen Sohn Hans Holbein d. J., der später Hofmaler von Heinrich VIII. wurde. Für ihn malte dieser auch die dänische Prinzessin Anna von Kleve so schön, dass der König sie heiraten wollte. Peinliche Panne: in Wirklichkeit war sie dann gar nicht so schön und Holbein Junior fiel in Ungnade.

Die ehemaligen Wohnräume des Schaezler-Palais beherbergen heute die Deutsche Barockgalerie. Besonders sehenswert ist in der Sammlung Haberstock das Venedigbild von Meister Canaletto (nicht im Bild).

Bleier

Eine Fabrik für Neue Kunst

Die Vier vom Glaspalast

In einer ehemaligen Textilfabrik vereinen sich vier Institutionen für moderne Kunst: Das H2 – Zentrum für Gegenwartskunst ist Augsburgs neues Museum für junge Kunst, das zugleich den Charakter des ehemaligen Industriebaus bewahrt. Künstler stellen hier temporäre, ortsbezogene Installationen vor, die sich im Dialog mit und als Spiegel der ebenfalls präsentierten ständigen Sammlung zeigen. Die Staatsgalerie Moderne Kunst, eine Zweiggalerie der Pinakothek der Moderne/München, ist im gegenüberliegenden Flügel des Gebäudes.
-> www2.augsburg.de dort -> Kunst, Kultur

Wißner

H2 – der Ausstellungsraum

Kaya

Das Kunstmuseum Walter, u.a. mit der Glaskunst von Egidio Costantini

Ganser

In der Galerie Noah wurde auch die Picasso-Ausstellung präsentiert.

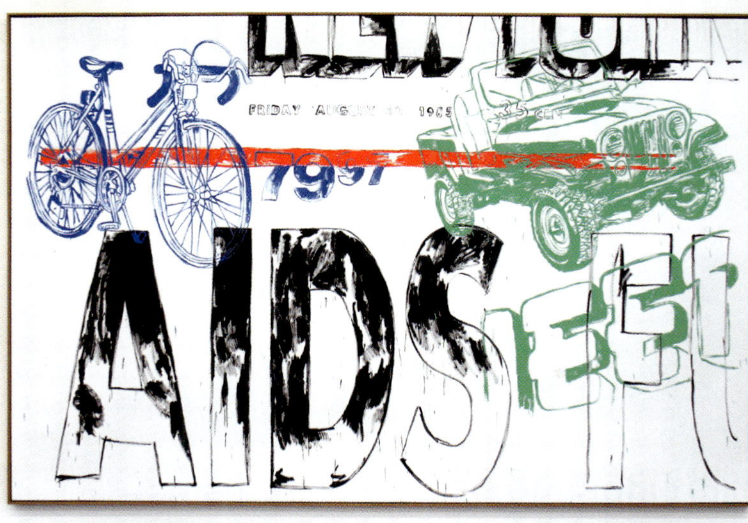

Wißner

Andy Warhol in der Zweiggalerie der Pinakothek: Fuck, Fun oder Future?

Das Kunstmuseum Walter bietet einen einzigartigen Einblick in die moderne, zeitgenössische Kunst, in die klassische Moderne der 1. Hälfte des vergangenen Jahrhunderts und in die weltberühmte Glaskunst von Egidio Costantini. In den großzügigen Räumen der Galerie Noah werden regelmäßig nationale und internationale Künstler ausgestellt. -> www.galerienoah.com

Bögl (2)

Ein römisches Pfeilergrab in der ehemaligen Dominikanerkirche

Ochsenkarren mit Weinfass

Wißner

Dieser römische Meilenstein nördlich von Inningen steht heute noch an der alten Straße nach Campodunum (Kempten). Eine weitere wichtige Fernverbindung war die Via Claudia, die über Landsberg, Schongau, Füssen, Fernpass und Brenner nach Oberitalien führte. Etwa 40 km marschierte ein römischer Soldat am Tag, der jeweilige Abstand zwischen diesen Orten.

Römisches Museum

Hochkultur vor 2000 Jahren

Die Stiefsöhne Drusus und Tiberius überbringen Augustus die Zeichen des Sieges über die Gebiete nördlich der Alpen. Zum 10. Mal wird er als siegreicher Imperator geehrt (IMP·X), obwohl er gar nicht dabei war. Das Lager, welches die Römer am Zusammenfluss von Lech und Wertach gründeten, wurde Hauptstadt dieser neuen römischen Provinz Raetien, genannt Augusta Vindelicum. Wenn in der Augsburger Innenstadt heutzutage gebuddelt wird, stößt man mit großer Wahrscheinlichkeit auf die Reste dieser römischen Ära, die 500 Jahre dauerte. Die zahlreichen wertvollen und schönen Fundstücke, die vom Leben der damaligen Zeit zeugen, verwahrt das Römische Museum, das in einer ehemaligen Dominikanerkirche untergebracht ist.

-> www2.augsburg.de dort -> Kunst, Kultur

Maximilianmuseum

Goldarbeiten und Skulpturen von Weltrang

Das Maximilianmuseum beherbergt Skulpturen Süddeutschlands, regionales Kunstgewerbe und Exponate zur Stadtgeschichte. Das moderne, filigrane Glasdach über dem Viermetzhof schützt die restaurierten Hauptfiguren der Augsburger Prachtbrunnen von Hubert Gerhard und Adriaen de Vries, die den Rang als Weltkulturerbe beanspruchen können.
Das 1. Obergeschoss enthält die Skulpturensammlung, die Abteilung wissenschaftlicher Instrumente und die facettenreiche Abteilung zur Stadtgeschichte, u.a. mit Elias Holls berühmten Entwurfsmodellen zum Rathausneubau.
Im 2. Obergeschoss befindet sich das „Highlight" des Maximilianmuseums: die Abteilung zur Augsburger Goldschmiedekunst. Hier wartet der Festsaal mit einer spektakulären Präsentation kostbarster Silberarbeiten auf. Den Abschluss des Museumsrundgangs bildet schließlich die Abteilung zum Augsburger Kunsthandwerk und zu den Zünften.
-> www2.augsburg.de dort -> Kunst, Kultur

Bögl

Die Hauptfiguren der Augsburger Brunnen stehen im Viermetzhof

Wißner

Prächtige Arbeiten der Augsburger Goldschmiedekunst

Hans Jakob Fugger vor dem Maximilianmuseum

Prem

Bleier

Bleier

Mozartfeste, die Domsingknaben, Albert-Greiner-Sing- und Musikschule, der internationale Leopold-Mozart-Violinwettbewerb, Philharmonisches Orchester zusammnen mit Augsburger Chören im Curt-Frenzel-Stadion, alles Institutionen, die die klassische Musik in Augsburg in beachtlicher Weise und publikumswirksam pflegen. Übrigens: KlassikRadio hat seinen Sitz in Augsburg.

Wyszengrad

Mozartstadt Augsburg

Leopold Mozart wird 1719 in Augsburg geboren. Er spricht mehrere Sprachen, ist Aufklärer, Komponist und Musikpädagoge. Er stellt sein Talent zurück, um die außergewöhnliche Begabung seines Sohnes Wolfgang zu fördern, der 1756 in Salzburg geboren wird. Ihm kommt nicht nur die hochrangige Bildung zugute, die sein Vater in Augsburg erhalten hat, er erbt auch das Augsburger Bürgerrecht seines Vaters. Deshalb gilt Augsburg als die deutsche Mozartstadt.
Bei seinem zweiten Aufenthalt in Augsburg 1777 verliebt sich Wolferl in seine Cousine Maria Anna Thekla Mozart. Seine witzigen und deftigen Briefe an das „Bäsle" blieben erhalten. Die Mozarts prägen immer wieder das überaus reichliche musikalische Leben im heutigen Augsburg, von klassisch bis modern.
-> www.mozartstadt.de

Moller

Der Kleine Goldene Saal gehörte zu Leopold Mozarts Schule, dem Jesuitenkolleg.

Das Geburtshaus von Leopold Mozart in der Frauentorstraße beherbergt heute eine Mozartgedenkstätte.

Wyszengrad (3)

Das Geburtshaus von Bertolt Brecht liegt zwischen zwei Kanälen im Lechviertel. Die dort ansässige Brecht-Gedenkstätte zeigt Leben und Werk des großen Dichters.

Bögl

Bertolt Brecht

Der einst ungeliebte Sohn der Stadt

Nein, er hat es nicht gesagt! Vom einst ungeliebten, inzwischen aber sehr geschätzten Sohn der Stadt stammen diese Worte nicht: „Das Beste an Augsburg ist der Zug nach München." Es klingt viel eher nach der Weltanschauung eines Einheimischen, der die Welt nie angeschaut hat. Denn von außen wird Augsburg oft so gesehen, wie der Wahlmünchener Thomas Mann einst schrieb: „Zu den Vorzügen Münchens gehört, dass es so nahe an Augsburg liegt." Auch Goethe schätzte an Augsburg „den Wohlgeruch der Freiheit".

Längst hat sich die Stadt mit B.B. versöhnt. An dem Titel, einer der größten Schriftsteller seiner Zeit gewesen zu sein, kommt man eben nicht vorbei. So wird Brecht jetzt überall in der Stadt gebührend gewürdigt. Rote Brecht-Kameraden weisen auf die „Wege zu Brecht" hin. Die Realschule, die seinen Namen trägt, hat er zwar nicht besucht, ebensowenig wie die 1970 gegründetete Uni, die inoffiziell längst schon mit seinen Initialen geschmückt wird. Der Brechtshop am Obstmarkt kümmert sich kompetent um die Leserschaft und organisiert Veranstaltungen.

Das Brechtfestival „abc – augsburg brecht connected" soll vor allem Jugendliche an sein Werk heranführen. Der Augsburger Brechtpreis ehrt dagegen namhafte Schriftsteller mit kritischem Gegenwartsgeist.

-> www.bert-brecht.com

Prem

Wir stammen
Aus einer Waffenfabrik.
Unser kleiner Bruder ist
Der Mannlichstutzen,
Unsere Mutter aber
Eine steyrische Erzgrube …
Wir liegen in der Kurve wie
Klebestreifen.
Unser Motor ist
Ein denkendes Erz.
Wir fahren Dich so ohne Erschütterung,
Daß du glaubst, du liegst
In einem Wasser.
Wir fahren dich so leicht hin,
Daß du glaubst, du musst uns
Mit dem Daumen auf den Boden drücken und
So lautlos fahren wir dich,
Daß du glaubst, du fährst
Deines Wagen Schatten.

Bert Brecht als Werbetexter. Sein Gedicht „Singende Steyrwägen" hat ihm immerhin zwei derartige Kabriolets eingebracht.

Liesz

Wyszengrad

Bleier

Lioba Schöneck: Frank Siebenschuh als Puck im Sommernachtstraum, Großes Haus 2006

Theater Augsburg

Als Ganghofer von der Schule flog …

Das Königliche Realgymnasium (heute Peutinger-Gymnasium) hat zwei große Autoren hervorgebracht, beide mit einer deutlichen Beziehung zum Theater. Bert Brecht wurde Dramatiker und Ludwig Ganghofer flog von der Schule, weil er sich ein anrüchiges Theaterstück angesehen hatte. Inzwischen dürfte das Stück wahrscheinlich als Klassiker gelten, so ändert sich die Wahrnehmung im Laufe der Jahre.
Heute steht das Theater wieder vor neuen Aufgaben. Wie kann man medienverwöhnte Menschen noch vor die Bühne locken, wo Bildschirm und Leinwand mit allen Tricks brillieren: kleine, intime Spielstätten, große Freiluftevents, raffinierte Stücke, neue Interpretationen, Einbeziehung des Publikums – nichts wird unversucht gelassen.
Die Augsburger haben ein Dreispartentheater (d.h. Musiktheater, Schauspiel, Ballett) und vier Spielstätten (großes Haus, Komödie, Hoffmannkeller, Freilichtbühne). Die monatlichen Sinfoniekonzerte des Theaters Augsburg in der Kongresshalle ergänzen das Angebot. Jede Sparte und jede Stätte hat ihren eigenen Reiz und alle blieben trotz der Sparzwänge der Stadt erhalten.
Die jüngste Spielstätte ist der alte Hoffmannkeller, der aus einer Anregung des jtt (Junges Team Theater) entstanden ist und neben der Spielstätte auch noch Augsburgs längste Bar beherbergt. Die Komödie im reizvollen Lechviertel ist beim Publikum sehr beliebt, aber sanierungsbedürftig.
Das s'ensemble ist ein kleines Theater mit ständig wechselnden Produktionen. Im Kulturhaus abraxas gibt es eine Bühne, die u.a. vom Jungen Theater Augsburg bespielt wird.
-> http://theater1.augsburg.de, -> www.sensemble.de, -> www.jt-augsburg.de

Wißner

Die Komödie im idyllischen Lechviertel

Schöneck

Sparkleshark mit dem jtt im Hoffmannkeller

Wyszengrad

Theater Augsburg, oberes Foyer

Die Holl'sche Kulisse am Roten Tor verträgt auch die Moderne: Thomas Peters in der Rolle von Webbers Superstar Jesus Christ.

Schöneck (3)

Kaya

Open Air und Kinoluft

Extravagantes für Opern- und Kinofreunde

Die Gebäude rund um das Rote Tor, mit Hl.-Geist-Spital (Puppenkiste), Wassertürmen und der Wallanlage sind ein Meisterwerk von Elias Holl. Jedes Jahr im Juli verwandelt sich dieses würdige Ensemble in das größte Freiluftmusiktheater nördlich der Alpen. Ob Macbeth meuchelnd mordet, Carmens Kastagnetten klappern, Sándor „Saffi" seufzt oder Jesus in Jerusalem jingelt, das Publikum darf regelmäßig begeistert sein. -> http://theater1.augsburg.de

Filmtage Augsburg

Die Filmtage Augsburg sind international bekannt und bestehen aus vier Säulen: den Tagen des unabhängigen Films, dem Kurzfilmwochenende, dem Symposium für junge Filmemacher „Cinema of Tomorrow" und dem Kinderfilmfest. Spielstätten sind die Thalia-Kinos. Seit vielen Jahren gelingt es dem Kinderfilmfest Augsburg, die veränderten Seh- und Lebenswelten von Kindern zu berücksichtigen. Dies wird immer wichtiger, da das Medium Bild mehr denn je die Wahrnehmung beeinflusst.
-> www.filmtage-augsburg.de

Prem

Das Programmkino Liliom veranstaltet auch das Freiluftkino Fribbe Maxx.

Wißner

Die Filmtage und das Lechflimmern werden vom Team des Thalia organisiert.

Neben der Theaterbühne locken mehrere Open Air Kinos von Lechflimmern und Fribbe Maxx die Zuschauer abends ins Freie.
-> www.lechflimmern.de
-> www.liliom.de

Renz

Chris Crazy, Parktheater im Kurhaus

Das Kurhaus wurde schon bei seiner Eröffnung 1886 als feenhafter Musentempel oder als Jugendstiljuwel bezeichnet. Heute wird das „Parktheater im Kurhaus" hauptsächlich als Musiktheater genutzt. -> www.parktheater.de

Parktheater im Kurhaus

Die Hessingklinik in Göggingen

Als 1993 das Hessingsche Kurhaus neu eröffnet wurde, richtete sich die Aufmerksamkeit der nationalen Presse zum zweiten Mal auf dieses Juwel aus der Jugendstilzeit. Über 100 Jahre früher war es schon einmal als feenhafter Musentempel gefeiert worden. Heute wird der einmalige Raum als Musiktheater genutzt, jedoch kann man ihn auch für Feiern oder Versammlungen mieten. Eigentlich hat J. F. Hessing hier ein Heilzentrum errichtet. Der gelernte Orgelbauer, der mit Holz, Metall, Leder und Mechaniken umzugehen wusste, hatte sich als Nichtmediziner durch zahlreiche orthophädische Erfindungen und Prothesenanfertigungen einen Namen gemacht. Die Erkenntnis, dass auch das Umfeld zur Genesung beiträgt, veranlasste den genialen Heiler, bei den Kliniken Parkanlagen anzulegen. Eine Burg wurde gebaut, in der Annahme, Kaiser Wilhelm würde sich hier seine verkrüppelte Hand behandeln lassen. Eine Kirche im neugotischen Stil, die erste ökumenische Kirche Augsburgs, ist direkt von den Patientenzimmern aus erreichbar. Und schließlich das Theater, das allein durch seine Gestaltung die Schaulustigen von nah und fern anzieht. Das engagierte Musiktheaterprogramm ist dann immer wieder ein willkommenener Anlass für einen Besuch. Heute scharen sich rund um die Parkanlagen die modernsten orthopädischen und geriatrischen Kliniken.
-> www.hessing-stiftung.de

Das Grabmahl von Hessing zeigt den bei seinen Patienten so erfolgreichen Mann mit einer Schar von Kindern. 127 soll er gehabt haben, ist hier und da zu hören. Maßlos übertrieben, sagen Insider. Mehr als 85 waren es nicht. Offensichtlich war der Mann auch bei seinen Patientinnen sehr erfolgreich.

Wyszengrad

Moderne Kliniken …

Renz

… eine Burg für den Kaiser …

Bögl

… und eine neugotische Kirche

Bleier

Die Kresslesmühle

Ein Haus der interkulturellen Vielfalt

Jeder dritte Augsburger hat ausländische Wurzeln, bei den Grundschülern ist es bereits jeder zweite. Der Erfolg für die Zukunft unserer Stadt hängt davon ab, wie sehr eine Integration gelingen wird. Seit 1976 fördert „die Mühle" die Begegnung und den Austausch von einheimischen und fremden Kulturen. Durch zahlreiche Projekte wie z.B. das Straßentheaterfestival „La Piazza", die Kabarett- und die Kleinkunsttage, den internationalen Künstlerempfang „Die Reise hält an" und die Interkulturelle Akademie ist diese Einrichtung, geführt von Hansi Ruile, auch über die Grenzen Augsburgs hinaus bekannt geworden. Fernab jeder Sozialromantik und Multikultikuschelei reift hier die Vorstellung, dass unsere Gesellschaft nur eine Chance hat, wenn alle die gleichen Rechte, Pflichten und Möglichkeiten haben, ungeachtet der religiösen, ethnischen, kulturellen oder sozialen Herkunft. -> www.kresslesmuehle.de

Rap for Peace
45 junge Leute unterschiedlichster kultureller Herkunft haben zusammen mit dem Theater, dem Stadtjugendring und der Kresslesmühle ein erfolgreiches Projekt aufgezogen. Alle Veranstaltungen waren ausverkauft.

Schubert

La Piazza
Dieses inzwischen leider eingestellte jährliche Straßenfest mit internationalen hochkarätigen Artisten und Künstlern war ein Publikumsmagnet und wird von den Augsburgern sehr vermisst.

In der Kresslesmühle findet monatlich auch der beliebte Poetry Slam statt.

Prem

Der Heilige Georg ersticht den Drachen. Es gleicht dem Kampf gegen Ausländerfeindlichkeit und Intoleranz. Ein gutes Symbol hier vor der Kresslesmühle im Lechviertel.

Mit zwei Begriffen ist Augsburg weltweit berühmt geworden, mit der „Confessio" und, unterschiedlicher geht es kaum, mit der „Puppenkiste". Im schönen Elias Holl'schen Gebäudeensemble am Roten Tor hat sie ihr Domizil. Vor einigen Jahren ist noch die „Kiste", das Museum der Augsburger Puppenkiste dazugekommen, mit Schaufenstern zu den altbekannten Stücken (oben z.B. Jim Knopf) und ständig wechselnden Ausstellungen zum Puppentheater in aller Welt. -> www.augsburger-puppenkiste.de

Auf der anderen Seite der Innenstadt, in der Ludwigspassage, sind Naturmuseum und Sparkassenplanetarium untergebracht. Besonders sehenswert ist die Molasse-Ausstellung im Naturmuseum. Die in diesen Sedimenten fossil überlieferten Lebewesen – meist viele Millionen Jahre alt – werden den entsprechenden heutigen Lebewesen gegenübergestellt. Dazu viele weitere Abteilungen aus der Mineralien-, Tier- und Planzenwelt. -> www2.augsburg.de dort -> Kunst, Kultur,

Bögl

Puppenkiste
Naturmuseum
-Planetarium

Attraktionen nicht nur für die Kleinen

In der Kuppel des -Planetariums kann man faszinierende Reisen durchs All erleben. Abwechslungsreiche Programme zu Astronomie und Raumfahrt werden mit Projektionen und eindrucksvoller Musik gestaltet.
-> www.sska.net/ifb/planetarium

-Planetarium und Naturmuseum

Bögl

jug.ENDKulT.ur

Kantine Rockfabrik Beim weißen Lamm Kerosin Mahagoni Bar Circus Yum Club Ostwerk Mo'town Liquid Spectrum Schwarzes Schaf Backside Tropicana Amadeus Soundfactory 2 Club Barfly Parklounge

Vali im „jam" in der Rockfabrik

Die Rockfabrik / Rofa / Rocke ist eine Großraumdisco, die seit über 20 Jahren das komplette Repertoire des Rockgenres und Electronic spielt. Die „Main" wird von DJ und WaveDJ versorgt und haut mit einer fetten Sound'n'Light Installation rein. Moshpit, Pogo oder einfach Tanzen!

Mahagoni Bar, auch MahaBar oder Makaroni Bar

Kerosin

Anajo im Pavian, Kerosin, Kantine

Unter dem Namen Kantine, auch Kante oder Kanne, entstand der selbsternannte Undergroundclub auf dem ehemaligen Gelände der Reesekasernen. Quer durchs musikalische Gemüsebeet von Independent, Alternative, E-Beats und Kult-Classix rufen die DJs zu „Krawall & Remmidemmi" auf! Der 100 m Umzug in den neuen Kulturpark West steht in der „heißen Phase".

Rock´n´Roll
Hard Rock
Big beat
Crossover
Metalcore
Screamo
Indie Rock
Crustcore
Ravecore
Brit Pop
Emocore
Metal
Hardcore
Progressive
Alternative
Two Tone
Drum & Base
Doom Metal
Crunk
Schranz
General HipHop
Breakbeat
Rockabilly
Funk
Skalternative
Fusion
Disco-House
Ambient
Gothic
Techno
Glam Rock
Emotronic
Industrial
Grindcore
Heavy Metal
Trash
Grunge
Punk
Goa Trance
Psychedelic
New Wave
Reggae
Breakcore
Oi
Thrash Metal
Nu Metal
Trip Hop
Black Metal
Nu Rock
Club
Freestyle
Experimental
Grime
Dancehall
Two Step
Dub
Ghettotech
Southern Rock
A-Cappella
Ska
New Beat
Speed Metal

1790 hing Deutschlands Dichterfürst Johann Wolfgang von Goethe an der Theke des Gasthofs „Zum weißen Lamm" und war, „Solang man trinken kann, lässt sich´s noch glücklich sein" zumindest an diesem Abend, zweifelsohne ein dichter Fürst. Sein Wort hat heute die selbe Gültigkeit. Nur feiert man jetzt „Beim weißen Lamm". „Nun greift mir zu und seid nicht blöde!"

Liesz

Ostern oder Pfingsten?

Die inzwischen beliebte Skulptur „Ostern" der Künstler Brigitte Denninghoff und Martin Matschinsky stand nicht immer vor dem Theater. Zweimal hatte man einen neuen Platz suchen müssen, denn die Bürger waren anfangs nicht begeistert. Sicher auch, weil die Symbolik im Verborgenen geblieben war. So stand eines Tages eine alte Waschmaschine zusätzlich auf dem Sockel – mit der Aufschrift „Pfingsten". Doch in Anlehnung an den Isenheimer Altar zeigt die stehende Figur den aufstrebenden Christus (man beachte Hüftschwung und Armhaltung) und die liegende Figur der Felsbrocken.

Schubert

Sehenswert:
das Lettl-Atrium mit surrealistischen Werken des Augsburger Künstlers Wolfgang Lettl
-> www.lettl.de

modern art open air

Prem

Lehrer und Schüler schufen diesen Brunnen im Holbeingymnasium.

Durchwegs erfrischend, der Brunnen vor dem Weltbild Verlagsgebäude in der Steinernen Furt

Liesz

Stadtsparkasse

Architektouren
Bauen und Wohnen

Peter Bögl: Kirschblüte in der Ulmerstraße in Oberhausen

Renz

Citynahe Wohnviertel

ert

Das Beethovenviertel (linke Seite) ist eine beliebte Wohngegend für Bürger, die die Nähe zur Innenstadt und zum Bahnhof suchen. Jugendstilfreunde werden schon mit einem gelegentlichen Spaziergang zufriedengestellt, der dem Betrachter einen steifen Nacken und offenen Mund einbringen kann: es gibt viel zu betrachten und bestaunen.

Das Bismarckviertel (rechte Seite) punktet mit schönen Bauten aus Jugendstil, Neurenaissance, Neubarock und Gründerzeit. Zum angrenzenden Prinz-Karl-Viertel sind moderne Wohnanlagen entstanden, die sich zwischen den Ziegelbauten der ehemaligen Kasernen und Firmen sowie den Stilbauten behaupten müssen. Otto v. Bismarck war 1892 zu Besuch in der Stadt. Anlässlich dieses Termins erhielt der Stadtteil seinen Namen.

Wyszengrad

Renz

Das Architekturmuseum Schwaben im Thelottviertel -> www.architekturmuseum.de/augsburg

Wißner (2)

Altes und Neues im Bismarckviertel

Das Kriegerdenkmal der Prinz-Karl-Kaserne wird zum Kinderspielplatz.

Prem

Prem

Die Augsburger Gesellschaft für Stadtentwicklung (AGS) ist ein Tochterunternehmen der WBG. Sie kümmert sich um städtebauliche Entwicklungs- und Sanierungsmaßnahmen, Projektsteuerungen, Wohnungsverwaltungen und technische Baubetreuungen für städtische Altenheime und Stiftungen, Schulen, Kindergärten, aber auch für nichtstädtische Auftraggeber. Wer Gelegenheit hat, durchs Ulrichsviertel zu bummeln, kann die schönen Ensembles von Hl.-Geist-Stift und St. Margareth bewundern.

Von der AGS saniert und verwaltet: das Stift St. Margareth

Moderner Wohnungsbau

Moderner Wohnungsbau bedeutet nicht, dass die Häuser verrückt oder bunt aussehen. Nein, sie sollen die Anforderungen an ein heutiges Wohnen erfüllen: urban, energiesparend, familienfreundlich, verkehrsgünstig und preiswert. Sicher ist das Auge froh, wenn zu der Fülle der schönen alten Häuser in Augsburg auch neue Blickpunkte hinzukommen. Da findet man viele gelungene Beispiele.

Die Wohnungsbaugesellschaft ist eine Tochter der Stadt Augsburg. Ihre vorrangige Aufgabe besteht darin, für die Bürger preiswerten Wohnraum zu sichern und zu verwalten. Das gilt gleichermaßen für Miet- und Eigentumswohnungen. Gleichzeitig ist die WBG auch der Stadtentwicklung verpflichtet. Dazu zählt auch die neue Nutzung der sogenannten Konversionsflächen, die riesigen, von den Amerikanern verlassenen Kasernengelände im Westen der Stadt. -> www.wbg-augsburg.de

Wißner (2)

Das Wohnprojekt Lützowstraße in Lechhausen

Rupp

Architektonischer Akzent in zentraler Lage

Optisch ansprechend präsentiert sich die Zentrale der Stadtsparkasse Augsburg, von der aus 40 Geschäftsstellen im Raum Augsburg-Friedberg gesteuert werden.
1822 gegründet ist die Stadtsparkasse Augsburg die Nummer 1 unter den Banken in der Region.
Diese Position ist Ansporn und Verpflichtung zugleich: Die Stadtsparkasse Augsburg ist „Motor", und das nicht nur im wirtschaftlichen Bereich. Mit umfangreichem Spenden- und Sponsoringengagement fördert sie Kultur, Sport und Soziales und gestaltet so aktiv das öffentliche und gesellschaftliche Leben mit. Ziel ist es, die Region Augsburg-Friedberg attraktiv zu halten - für die Menschen, die hier leben und für die Unternehmen, die hier investieren und Arbeitsplätze schaffen.
Als Sparkasse für jedermann hat die Stadtsparkasse Augsburg in allen Finanzangelegenheiten die Lösung. Ob Unternehmer oder Privatkunde, hier steht der Mensch im Mittelpunkt.
Das spiegelt sich nicht nur in der großzügigen, offenen Architektur der Geschäftsräume wider, sondern ganz besonders im persönlichen, vertrauensvollen Kontakt der Mitarbeiter der Stadtsparkasse Augsburg mit ihren Kunden. → www.sska.de

Geschäftsgebäude im zeitgemäßen Stil

Mit der City-Galerie wurde ein modernes Einkaufskonzept realisiert. Entlang einer zweigeschossigen Ladenstraße präsentieren sich rund 100 Fachgeschäfte, Dienstleister und Gastronomie auf einer Verkaufsfläche von insgesamt 28.000 qm. Im Branchenmix bildet der Modebereich den Schwerpunkt. Sportartikel, Buchläden und Elektronik von Waschmaschine über CDs bis zum Computer, aber auch Cafés und Lokale runden das Angebot ab. Im angeschlossenen Parkhaus gibt es 2000 kostengünstige Parkplätze. In den Einkaufsstraßen werden ständig wechselnde Aktionen oder interessante Ausstellungen präsentiert. -> www.city-galerie-augsburg.de

Aus der ehemaligen Augsburger Kammgarn Spinnerei entsteht das Bayerische Textil- und IndustrieMuseum tim.

Das „Fabrikschloss" der Spinnerei und Weberei Augsburg beherbergt heute Büros, Verkaufsräume und eine IT-Akademie.

Wyszengrad

Renz

Industriepaläste

Wirtschaftlicher Wandel und neue Nutzung

Ab dem 18. Jh. entstanden in Augsburg große Industrieanlagen zur Textilherstellung. Durch die Globalisierung und den damit verbundenen Preiseinbruch mussten die Werke geschlossen werden. Die prächtigen, denkmalgeschützten Fabrikpaläste werden heute in vielfältiger Weise neu genutzt.

tim

tim, das Bayerische Textil- und Industrie-Museum entsteht in einem Gebäude der ehemaligen Augsburger Kammgarnspinnerei (AKS). In lebendiger, multimedialer Form soll die Textilgeschichte Europas dargestellt werden. Das tim wird in Bayern das erste wirtschafts-, sozial- und kulturgeschichtliche Museum seiner Art, das sich in die Tradition einer gewachsenen Branche stellt und versucht, deren Höhen und Tiefen von der Industrialisierung bis zur Globalisierung zu dokumentieren. Besonders attraktiv sind die umfangreiche Stoffmustersammlung und die historischen Maschinen.
-> www.tim-bayern.de

Auf restaurierten alten Webmaschinen wird wieder gearbeitet. Hier entsteht gerade ein „Augsburger Handtuch“.

Bilder: tim (4)

H. Eberle

Die Gebäude der Ackermann Nähgarne in Göggingen wurde z.T. in Lofts umgewandelt.

Renz

Selbst für eine Kokerei wurde ein schlossähnliches Ensemble errichtet

Liesz

Ein Gaswerk wird zur feinen Unternehmensadresse

Für das stillgelegte Gaswerk der Stadtwerke beginnt eine neue Zeit. Einst wurde in dieser Kokerei Kohle zu Stadtgas verarbeitet. In Zukunft sollen sich hier Handwerker und Dienstleister ansiedeln, die Wert auf eine außergewöhnliche Umgebung legen. Das Gaswerk ist ein hochrangiges Kulturdenkmal, dessen Bedeutung weit über die Stadt hinausgeht. Diese schöne Anlage steht unter Denkmalschutz. Sie ist in einer schlossartigen Bauform errichtet und wird nun darauf vorbereitet, kleine Unternehmen zu beherbergen, die sich mit ihren Produkten und für ihre Kunden anspruchsvoll präsentieren wollen. Das Profil bewegt sich zwischen Handwerk, Kunsthandwerk und Kunst.

Energie aus neuen Quellen

Kokerei einst – umweltfreundlicher High-Tech-Mix heute

Energie ist zu einem der wichtigsten Themen geworden. Die Abhängigkeit von Lieferländern, die steigenden Preise und schließlich die brisante Umweltproblematik durch den CO_2-Ausstoß betreffen auch die Augsburger Bürger. Die Stadtwerke haben sich deshalb entschlossen, mehr Strom selbst zu produzieren, vor allem auch aus regenerativen Quellen. 2005 konnte die neue Gasturbine in Betrieb genommen werden, die Wärme und Strom liefert. Nun wird mit dem Bau eines Biomasse-Heizkraftwerkes begonnen. Die Biomasse stammt aus der Region und besteht aus sonst nicht verwertbaren Holzschnitzeln. Die Verbrennung ist CO_2-neutral, da die Bäume beim Wachsen die gleiche Menge Kohlendioxyd aufnehmen, wie bei ihrer Verbrennung wieder freigesetzt wird. Außerdem werden Arbeitsplätze in der Region geschaffen. Zum Energiemix gehören aber auch Photovoltaik-Anlagen, z.B. auf der neuen Drei-Auen-Schule und auf dem Straßenbahndepot. -> www.stawa.de

Photovoltaik-Anlage auf der Drei-Auen-Schule

Georg Teufelhart, Kraftanlagen München, Oberbürgermeister Dr. Paul Wengert und Stadtwerke-Geschäftsführer Dr. Claus Gebhardt setzen den Grundstein für ein Biomasse-Heizkraftwerk.

Die neue Gasturbinenanlage liefert Wärme und Strom

Hosemann (3)

Infrastruktur

Norbert Liesz: Anton Fugger Brücke

1748
381

Der „Kö", 116.000 Fahrgäste passieren täglich diesen zentralen Kreuzungspunkt.

Der Königsplatz

Im Zentrum der Mobilität

Die Straßenbahnen in Augsburg fahren im Fünf-Minuten-Takt. Mancher Augsburger leidet darunter heftig, denn immer, wenn er an einer Haltestelle ankommt, ist eine Bahn gerade abgefahren – aber die nächste kommt ja gleich. Zentraler Kreuzungspunkt der meisten Bahn- und Buslinien ist der Königsplatz. 116.000 Fahrgäste werden hier täglich gezählt. Längst reicht die Kapazität des Platzes nicht mehr aus. Eine Modernisierung des öffentlichen Nahverkehrs ist unumgänglich. Der Plan zur „Mobilitätsdrehscheibe Augsburg" sieht vor, überregionalen, regionalen und lokalen Verkehr am Hauptbahnhof besser zu verknüpfen, das Umsteigen am Kö schneller, sicherer und barrierefrei zu gestalten und das Straßenbahnnetz auszubauen. Vorbei sind die Zeiten, als die Tram noch von Pferdekutschen gezogen wurde und die Fahrgäste am Senkelbach eine halbe Bier trinken konnten, da die Pferde verschnaufen mussten. Heute muss alles zügiger gehen, denn die Tram muss als umweltfreundlichere Alternative mit dem Auto konkurrieren können. Allein aus diesem Grund ist ein modernes Nahverkehrssystem unbedingt notwendig. -> www.stawa.de

Busse mit Gasbetrieb der Stadtwerke Augsburg am „Kö"

Der Combino am Moritzplatz

Hosemann (3)

Bleier

Schubert

Die Fachhochschule Augsburg gilt als innovative, praxisorientierte Institution. Mit ihren technischen, wirtschaftswissenschaftlichen, gestalterischen und interdisziplinären Studiengängen ist sie bei internationaler Ausrichtung wesentlicher Impulsgeber für die Entwicklung der Region. Zentrale Aufgabe ist die Ausbildung von hochqualifizierten und teamfähigen Akademiker auf der Grundlage neuester wissenschaftlicher Erkenntnisse und technologischer Verfahren. Vor der neuen Bibliothek steht die Kugelpyramide des Künstlers Yoshiyuki Miura. -> www.fh-augsburg.de

Fachhochschule und Universität

Der Campus der Universität Augsburg liegt in einem Landschaftspark. Es gibt die Wirtschaftswissenschaftliche, Juristische, Philosophisch-Sozialwissenschaftliche, Philologisch-Historische, Mathematisch-Naturwissenschaftliche und Katholisch-Theologische Fakultät sowie die für Angewandte Informatik.
Die Fakultäten arbeiten auf vielen Feldern eng zusammen. Interdisziplinarität in Forschung und Lehre gehört zum Arbeitsalltag. Für das Studium bedeutet das: In allen Fakultäten werden neue, das Studium intensivierende und beschleunigende Formen der Lehre entwickelt. Das Studienangebot ergibt sich im Wesentlichen aus drei großen Forschungs- und Lehrgebieten: Kultur- und Gesellschaftswissenschaften, innovative Technologien und wissenschaftliche Lehrerbildung. -> www.uni-augsburg.de

Wißner

Studienplatz gefunden!

Die Archivalia steht vor dem Bayerischen Staatsarchiv und demonstriert den Studenten der benachbarten Universität, wie man am schnellsten den Lernstoff aufnimmt.

Wißner

Eine neue Stadtbücherei

Hier im Hof hinter der Annakirche stand ab 1563 über 300 Jahre lang der erste selbständige Bibliotheksbau der Neuzeit in Deutschland. Die nachts erleuchteten Buchstaben in der Betonplattform erinnern daran. Heute befinden sich diese wissenschaftlichen Bestände in der Staats- und Stadtbibliothek (rechtes Bild). Die hohen Fenster sollten viel Tageslicht ins Haus bringen, denn elektrisches Licht gab es bei Baubeginn noch nicht und Gaslicht war für die Bücher zu gefährlich. Die benachbarte Stadtbücherei ist seit Jahren zu klein. Deshalb wird nun auf dem citynahen Ernst-Reuter-Platz eine moderne Bibliothek gebaut, die mehr als nur Bücher bieten soll: ein multimedialer Ort des Lesens, der Begegnung, der Integration.

Staats- und Stadtbibliothek

Schubert

Pläne der neuen Bücherei am Ernst-Reuter-Platz: Die offene Architektur des Architekten Stefan Schrammel soll auch die Offenheit des Gebäudes für alle Bürger signalisieren.

Visualisierung: Büro Schrammel

Das Gerichtsgebäude war früher Teil des alten Annagymnasiums. Hier ging einst Napoleon III. zwei Jahre lang zur Schule. Nachdem er im Unterricht einen Knallfrosch an das Katheder geworfen hatte, musste er im Karzer brummen. Dort kratzte er mit einem Diamantring seinen Namen in die Fensterscheibe.

Volksschule Vor dem Roten Tor

Schulpaläste und Zauberschulen

Die Antwort auf den Umbruch in der Gesellschaft

Größer können die Gegensätze kaum sein: Schulbauten, die eher an Paläste erinnern, in alten, ehrwürdigen Mauern, wie die Schule Vor dem Roten Tor, die Wittelsbacher Schule oder die Adlhochschule, und auf der anderen Seite Neubauten, die mehr sein wollen und müssen als einfach nur Schulen. Die gesellschaftliche Situation, das Umfeld des jeweiligen Stadtteils und die Herkunft der Kinder erfordern ein Umdenken. Es geht darum, die Schule nicht nur als Ort der Wissensvermittlung, sondern als zentralen Lebensmittelpunkt der Kinder und Jugendlichen zu verstehen. Ganztagsschulen ermöglichen die Abwechslung von Lern- und Entspannungsphasen, die mit kreativen, musischen oder sportlichen Angeboten gefüllt werden können. Ein gemeinsames Mittagessen, gerade in Stadtteilen, in denen beide Eltern mittags kaum zu Hause sein können, fördert den Gemeinschaftssinn.
-> www.bildungsportal.augsburg.de

Moller

Die Drei-Auen-Schule geht noch über dieses Konzept hinaus. Für diese hochmoderne Bildungsstätte wurde ein in Augsburg bisher einzigartiges Modell entwickelt. Neben Mittagessen, Ganztagsbetreuung, Sport- und Freizeit, Hilfe bei den Hausaufgaben, Schulsozialarbeit, psychologische Betreuung, Sprachunterricht für Migranten und interkulturelles Lernen wird die Schule auch den Bürgern des Stadteils offenstehen. Es gibt ein Internet-Café, ein Bürgerbüro und Mehrzweckräume für Vereine, Arbeitskreise und Jugendfreizeit. In der Stadtteilwerkstatt werden Jugendliche angeleitet, haustechnische Aufgaben für die Schule und die benachbarten Gebäude der Wohnbau-Gesellschaft Augsburg (WBG) zu übernehmen. „Die Zauberschule" schrieb die Presse bei der Eröffnung. Der Walross-Kletterfelsen soll auch außerhalb der Schulzeit Kinder anlocken.

Wißner

Bögl

Haberstock

Volksschule Centerville-Süd

Drei-Auen-Schule in Oberhausen, auch soziales Bildungszentrum des Stadtteils

Im alten amerikanischen Stadtviertel Augsburgs wurde 1999 die Volksschule Centerville-Süd gegründet. Zur gleichen Zeit entstand um die Schule herum ein völlig neues Stadtviertel mit einer bunt zusammengemischten Bevölkerung. Die Hälfte der Schüler haben Migrationshintergrund. Hier werden Kinder aus 24 unterschiedlichen Nationen unterrichtet.

Das Schulprogramm sieht eine Schulentwicklung vor, die sich auch als Stadtteilentwicklung begreift. Ziel ist es, den Kindern und Jugendlichen vor Ort gute Lernchancen und Wege der Persönlichkeitsentwicklung zu bieten. Das pädagogische Konzept steht auf sechs Säulen:

- Die Schüler sollen sich durch Engagement auf den Gebieten Kunst, Musik, Sport, Gastronomie und Gestaltung der Außenanlagen mit der Schule identifizieren.
- Die Schüler erhalten individuelle Förderung.
- Eine enge Zusammenarbeit zwischen Lehrern und Schülern ermöglicht einen friedlichen und konstruktiven Umgang miteinander.
- Der innere Zusammenhalt wird durch ein Patenklassensystem gestärkt.
- Durch Schülermitverantwortung wie Tutoren, Lehrerassistenten und Energiemanager werden die Schüler an der pädagogischen und organisatorischen Arbeit ihrer Schule beteiligt.
- Ein Ganztagsklassenzug für die Hauptschuljahrgänge 5 bis 9 schafft ein qualifiziertes Betreuungsangebot.

So haben Auszeichnungen nicht auf sich warten lassen:
Preis des Kommunalen Energiemanagements als energieeffizienteste Schule Augsburgs 2005
Augsburger Zukunftspreis 2006
Innovationspreis für Innere Schulentwicklung „i.s.i." der Stiftung Bildungspakt Bayern 2006

Medienstadt Augsburg

Bald nach der Erfindung des Buchdrucks im 15. Jahrhundert gehörte Augsburg zu den innovativen Städten und wurde zur bedeutendsten Druckstätte deutscher Bibelübersetzungen und sogenannter Thesenblätter.
Ebenfalls im 15. Jahrhundert begann in Augsburg die Papierherstellung als logische Ergänzung zum Buchdruck. Papierherstellung und Drucktechnik – ein Erfolgsgespann, das Augsburg bis zum heutigen Tag prägt.

Die PM 3, eine der weltweit modernsten Papiermaschinen

UPM – Hightech-Perspektiven mit Papier

Seit der Standortgründung im Jahr 1849 prägen Tradition und Fortschritt das UPM-Werk Augsburg gleichermaßen. Seit jeher wurden in der Fuggerstadt technische und technologische Neuerungen entwickelt, die für die gesamte Papierindustrie richtungsweisend waren. Als Meilenstein gilt nicht nur die Tatsache, dass im Jahr 1993 die Voraussetzungen geschaffen wurden, Altpapier mit stetig steigendem Anteil als wertvollen Rohstoff zur Herstellung von Magazin- und Katalogpapier einzusetzen; im Jahr 2000 ging zudem die Papiermaschine 3 in Betrieb, bis heute eine der innovativsten Produktionslinien der Welt.

Die finnische UPM-Kymmene Corporation, der das Werk Augsburg seit 2001 angehört, ist mit einem Jahresumsatz von ca. 10 Milliarden Euro und einer Mitarbeiterzahl von etwa 28.000 einer der führenden Papierhersteller weltweit und unterhält in der Bundesrepublik vier Produktionsstätten für hochwertige Qualitätspapiere; neben Augsburg sind auch Schongau, Schwedt/Oder und Dörpen/Emsland als Standorte zu nennen.
Als starker Partner der Region Bayerisch Schwaben engagiert sich UPM Augsburg in Wirtschaft, Politik und Wissenschaft. Weiterhin sieht sich UPM aufgrund seines bildungspolitischen Verantwortungsbewusstseins verpflichtet, die Jugend in vielfältiger Hinsicht zu fördern. Denn schließlich geht es um die Nachwuchsleser und Meinungsbildner von morgen.

Von der Tageszeitung zur Mediengruppe

Die Geschichte der Augsburger Allgemeinen beginnt kurz nach dem Krieg. 1945 erhält Zeitungsgründer Curt Frenzel von der US-Militärregierung in Bayern die Lizenz Nr. 7, die zur Herausgabe einer Tageszeitung berechtigt. Mittlerweile gehört die Augsburger Allgemeine zu den größten deutschen Regionalzeitungen. Gemeinsam mit der Allgäuer Zeitung und 25 Lokalausgaben erscheint sie in Südwest-Bayern mit einer Auflage von täglich 346.000 Exemplaren. Dazu kommt noch die Internet-Präsenz mit 220.000 monatlichen Nutzern.
-> www.augsburger-allgemeine.de
Ein modernes Design und gruppenspezifische Angebote sprechen auch neue Leser an. Für die Kleinsten besucht die Zeitungsente Paula Print viele interessante Orte. Bei der Aktion „ZiSch" – Zeitung in der Schule wird das Lesen der Augsburger Allgemeinen zum Schulstoff. Wer einfach mal abfeiern will, für den gibt es die Partyreihe LEVEL 4.
-> www.level4-augsburg.de
Aus dem einstigen Zeitungs- und Verlagshaus ist einer der größten und modernsten Mediendienstleister in Süddeutschland geworden: die Mediengruppe Pressedruck.
-> www.mediengruppe-pd.com.
Die Zeitung bildet das Flaggschiff, daneben runden Radio- und Fernsehproduktionen, ein Call-Center, Internet- und Logistikdienstleistungen, die neugegründete Medienakademie Augsburg sowie ein umfassendes Druck- und Verlagsprogramm das Angebot der Gruppe ab.

Level 4, die neue Partyreihe der Augsburger Allgemeinen

Im Verlagsgebäude der AZ können Jugendliche die Technik des Zeitungsdrucks kennenlernen.

Am zentralsten Ort der Stadt: das Medien-Service-Center der AZ

Sport und Freizeit

Visualisierung: Mahesh Murty

AUGSBU

Wildwasser-Rodeo auf dem Eiskanal

Kaya

Ein Hauch von Olympia

Die Kanustrecke am Eiskanal war Augsburgs Beitrag zu den Olympischen Sommerspielen1972 in München. Seitdem finden hier ständig internationale Meisterschaften statt. Zwei Vereine kümmern sich um die Sportler, vom Anfänger bis zum Goldmedaillengewinner. Im Kanumuseum gibt es nach Voranmeldung viele Erinnerungsstücke aus dem Kanu-Slalom-Sport zu sehen.

-> www.kanu-schwaben-augsburg.de (auch für das Museum),
-> www.akv-online.de,
-> www.kanuzentrum-augsburg.de

Möller (2)

Olypiastrecke am Eiskanal

Hosemann

Das Kletterzentrum des Deutschen Alpenvereins an der Sportanlage Süd zwischen Uni und FH bietet indoor und outdoor Klettermöglichkeiten mit Schwierigkeitsgraden von III bis X. -> www.dav-kletteranlagensuche.de

In der Radsporthalle in Lechhausen -> www.rsg-augsburg.de

Liesz

Aufwärts oder vorwärts

Sport für jeden Geschmack

Einen Überblick über die zahlreichen Sportstätten und Vereine findet man unter:
-> www2.augsburg.de
dort: -> Sport in Augsburg
-> Bäder in Augsburg

Wyszengrad

Beim jährlichen Sparkassenlauf -> www.news-actions.de

Vor der City-Galerie startet jährlich der Sport-Scheck-Stadtlauf. Organisiert wird er vom Bündnis für Augsburg: Jeder soll mitmachen können.
-> www.augsburg-gp.de
-> www.city-galerie-augsburg.de

Emmert

Neben den Trainingsmöglichkeiten im Curt-Frenzel-Eisstadion gibt es noch den Kuhsee und den Autobahnsee, die alle paar Jahre einen Extra-Wintersportspaß bieten. Und Fans schauen sich zusätzlich die Spiele der Augsburger Panther an. -> www.aev-panther.de

Kaya / Kerpf (Panther)

Wintersport –
das Revier in Sichtweite

Grausame Welt: das schönste Ski-Revier vor Augen, der Schnee ist super und es ist Montag. Innerstädtische Abwechslung bietet dann der Snowboard- und Freeski-Wettbewerb des Stadtjugendrings vor der City-Galerie. Für zwei Tage liefern sich etliche europäische Top-Snowboarder gewagte Abfahrten von der zwölf Meter hohen Rampe. -> www.sjr-a.de dort -> Projekte oder -> www.city-galerie-augsburg.de

Hosemann (2)

Im Siebentischwald wird von den Stadtwerken aus mehr als 75 Brunnen das Grundwasser entnommen und völlig unbehandelt an die Kunden weitergegeben. Ein abgestuftes System von Schutzzonen verhindert die Verschmutzung des Grundwassers. In diesen Gebieten gelten strenge Regeln für die Bebauung und die Landwirtschaft. Das Augsburger Trinkwasser gilt zu Recht als eines der besten in Deutschland. Außerdem werden keine Reservoirs ausgeschöpft, die eines Tages leer sein könnten. -> www.stawa.de

Siebentischwald, Stadtwald und Haunstetter Wald mit Lech, Auensee und Kuhsee

Prem (3)

Am Parkhäusl

Ilsungstraße und Stempflesee

Siebentischwald

Augsburgs grüne Lunge

Noch im Bereich des Stadtgebietes liegen Siebentischwald, Stadtwald und Haunstetter Wald. Kaum eine Stadt hat mehr Wald zu bieten als Augsburg. Man kann sich nicht genug klarmachen, welcher großartige Schatz vor der Haustür liegt. Der Wald mit seinen Gewässern ist nicht nur Naherholungsgebiet für Jogger, Walker, Radler, Skater, Spaziergänger, Eltern mit Kindern, Naturliebhaber, Hundeführer, Schwimmer, Sonnenanbeter, Kanufahrer und Besucher von Biergärten, Zoo und Botanischem Garten. Er sorgt auch für frischen Sauerstoff und ausgeglichenes Stadtklima Und er ist die Augsburger Lebensgrundlage, denn hier liegen die Erfassungsbereiche unseres hervorragenden Trinkwassers.

Bleier

Wißner

Liesz

Tulpenschau
und Rosengarten

Der berühmte Japanische Garten bei Nacht. Lichterabende im Botanischen Garten sollte man ebensowenig versäumen wie die Musikveranstaltungen.
-> www2.augsburg.de
dort -> Sport und Freizeit

Botanischer Garten und Zoo

Liesz

Einfach affig diese Leute!

Eine immerwährende Attraktion, auch in der kalten Jahreszeit, sind der Botanische Garten und der Zoo am Siebentischwald.
Viele Augsburger kaufen sich Jahreskarten und kommen so oft es geht hierher. Familien mit Kindern trifft man auf den Spielplätzen in beiden Parks oder am Streichelgehege, beim Elefantenreiten oder der Ponykutsche.
Blumenfreunde folgen dem Jahreslauf im Botanischen Garten: die Tulpenschau, der Rosengarten rund um den Musikpavillon, die Herbstfarben der Astern und die Schmetterlingsschau zur kalten Jahreszeit.

Bleier

Die Giraffen im Afrikapanorama
-> www.zoo-augsburg.de

Impressum

Bibliografische Information Der Deutschen Bibliothek
Die Deutsche Bibliothek verzeichnet diese Publikation in der Deutschen Nationalbibliografie; detaillierte bibliografische Daten sind im Internet über http://dnb.ddb.de abrufbar.

www.wissner.com
ISBN 978-3-89639-600-6

Autor: Bernd Wißner
Redaktion: Susanne Moller, Martina Streble
Redaktion Clubs, Diskos: Leif Young
Bildbearbeitung: Alfred Neff
Druck: APPL. aprinta druck
Coverfoto: Susanne Moller, St. Ulrich

Wir danken den Fotografen:
Christoph Anzenhofer (1), Christina Bleier (18), Peter Bögl (18), Helga Eberle (1), Martin Eberle (1), Andreas Emmert (1), Michael Friedrichs (4), Gerhard Ganser (1), Hartmut Gniechwitz (3), Tamara Haberstock (1), Robert Hösle (1), Thomas Hosemann (12), Alexander Kaya (9), Siegfried Kerpf (1), Norbert Liesz (14), Wolfgang Lightmaster (1), Günter Mascha (1), Susanne Moller (9), Werner Pohl (4), Angelika Prem (32), Werner Renz (7), Herrmann Rupp (1), Roland Schnell (6), Lioba Schöneck (4), Bernhard Scholz (1), Beatrice Schubert (23), Martina Streble (1), Anne Wall (1), Bernd Wißner (52), Silvio Wyszengrad (14)

Wir bitten um Nachsicht und Nachricht falls wir in der Fülle der Bilder eines nicht richtig zugeordnet haben. Es wird mit der nächsten Auflage korrigiert.

Peter Bögl: Blick von Batzenhofen auf Augsburg